BIBLIOTHÈQUE DES CHEMINS DE FER

CONTES
A DORMIR DEBOUT

PAR

AUGUSTE VITU

PARIS
LIBRAIRIE DE L. HACHETTE ET Cie
RUE PIERRE-SARRAZIN, N° 14
—
1860

PRIX : 2 FRANCS

CONTES

A DORMIR DEBOUT

PARIS. — IMPRIMERIE DE CH. LAHURE ET Cie
Rues de Fleurus, 9, et de l'Ouest, 21

CONTES

A DORMIR DEBOUT

PAR

AUGUSTE VITU

PARIS

LIBRAIRIE DE L. HACHETTE ET Cie

RUE PIERRE-SARRAZIN, Nº 14

—

1860

Droit de traduction réservé

LE MANDARIN

LE MANDARIN.

I

C'était un samedi soir, et le givre couvrait les pavés de cristallisations brillantes. Le quartier de l'Opéra était plein de bruit et de lumières. Le carnaval secouait ses grelots ; des cris et des rires s'élançaient de toutes les voitures, roulant avec rapidité vers la rue Lepelletier ; les boutiques ne se fermaient qu'à demi, tant les nuits féeriques de l'hiver tiennent Paris en éveil.

Et cependant M. Georges d'Aubremel, l'un des héros les plus fêtés de ces grandes bacchanales, ne paraissait point en humeur de se rendre à l'appel joyeux qui retentissait sur toute la montagne parisienne depuis le télégraphe de Montmartre jusqu'à l'église Notre-Dame-de-Lorette. Enfoncé dans un grand fauteuil, les pieds sur les chenets et les mains pendantes, il était plongé dans une sombre méditation. Un livre ouvert reposait près de lui, et une lettre violemment froissée gisait à terre.

Orphelin à douze ans, Georges avait vu mourir sa mère, tuée par dix ans de souffrances. Le marquis Gracien d'Aubremel, ruiné par des prodigalités insensées, avait épousé par calcul, bien plus que par amour, une héritière anglaise, miss Marguerite O'Grady, qu'il abandonna misérablement après qu'il eût mangé sa dot. Cette histoire, assez ordinaire, avait eu un dénoûment plus ordinaire encore. Le marquis d'Aubremel passa aux Indes dans l'espoir d'y tenter la fortune, et la fièvre jaune l'y tua.

Georges avait donc puisé dans l'histoire de sa famille de tristes enseignements qui développèrent outre mesure ses penchants innés à la misanthropie, si l'on peut appeler ainsi une tendance invincible à croire à l'apparence du mal, en même temps qu'on doute de la réalité du bien. Il soutenait sa logique décourageante assez résolûment pour éviter la faute où tombent habituellement les faiseurs de paradoxes psychologiques, et il n'admettait aucune exception, moins pour lui que pour tout autre.

Au fond, Georges se croyait peut-être incapable de commettre une mauvaise action, mais il n'en eût pas juré ; car, selon lui, l'homme le plus pur devait faillir dans une circonstance donnée, à cette double condition que son intérêt personnel fût fortement engagé, et qu'il ne courût que des risques relativement insignifiants.

Cette tournure de pensées, rehaussée par un peu d'esprit et beaucoup d'impertinence, avait fait de Georges un personnage redouté de son cercle d'intimes ; mais on comprend qu'elle lui donna peu d'amis. Le jugement commun se fonde plutôt sur les paroles que sur les actes, et Georges portait la juste peine de ses doctrines amères.

En somme, elles ne lui rapportaient pas ce qu'elles lui coûtaient : il venait d'en faire la triste expérience.

Georges avait été présenté par hasard à M. Montmorot, un riche fabricant de tissus de laine, qui aimait à réunir, quatre fois par hiver, des gens aimables, des artistes et d'agréables désœuvrés. Mlle Ernestine Montmorot avait paru sensible aux attentions de ce charmant cavalier, qui joignait aux graces un peu vives de l'esprit français, les manières sévères et l'élégance un peu hautaine du sang anglais des O'Grady. De son côté, Georges aima vraiment Mlle Montmorot, et il fit, hâtivement sans doute, une démarche qui échoua. M. Montmorot avait été inflexible. Il ne donnerait jamais sa fille à un homme pauvre et sans avenir.

Bien qu'il eût dû mille fois prévoir cette réponse, Georges demeura anéanti. Ses espérances étaient brisées d'un seul coup, et dans quel moment! Une affiche rouge à demi déployée, et qui se glissait subrepticement entre le mur et le divan, contenait d'abominables menaces. Les huissiers avaient passé par là.

Georges s'emporta contre lui-même.

« Ah ! se disait-il, le diable soit des scrupules ! Si j'eusse été moins amoureux, je serais aujourd'hui le mari d'Ernestine. J'aurais une femme charmante, et que j'aime, après tout. J'aurais aussi une fortune, une position, ce luxe sans lequel je ne puis m'accoutumer à vivre, tandis que je ne saurai demain où reposer ma tête. Demain, à dix heures, des huissiers vont tout me prendre ; tout, depuis ce croquis de Troyon jusqu'à ce magot de porcelaine qui balance sa tête narquoise et semble me narguer ; ils me prendront ce petit coffret qui me vient de mon père, et ce médaillon qui contient des cheveux de.... comment s'appelait-elle ? Pauvre fille ! qui m'aimait tant ! et voilà que tout ce qui me reste d'elle s'en va, même son nom !

— Quoi, rien ! pas un espoir ! pas une ressource ! Ah ! c'est aujourd'hui que la lutte commence sérieusement pour moi, et voici que je suis faible et découragé. Je n'éprouve même plus ces impulsions folles qui m'ont quelquefois chassé de mon lit à l'heure où tout le monde sommeille et me faisaient chercher par la ville, avec une conviction profonde un portefeuille bien garni qu'un dieu inconnu devait avoir, exprès pour moi, déposé au coin de quelque borne, ou à l'angle d'un trottoir. Dans ces moments-là, si un importun m'eût arrêté au passage, je l'aurais sérieusement accusé de ma ruine. Je croyais encore à quelque chose, même aux billets de banque perdus !... Et aujourd'hui !... Aujourd'hui, je ne ferais plus ces folies, mais je crois que je ferais pis, si le crime, le crime vulgaire, bas, méprisable, honteux était permis au fils du marquis d'Aubremel et de Marguerite O'Grady.

« O grand homme ! continua-t-il en reprenant le volume ouvert près de lui, grand philosophe que les ignorants appellent un sophiste ! Oh ! que tu as exprimé une chose profondément vraie, quand tu écrivis ces lignes, que je ne relis jamais sans terreur :

« Supposez un mandarin de la Chine, un homme
« qui vit à trois mille lieues de vous, dans un pays
« fabuleux, un homme que vous ne verrez jamais ;
« supposez encore que la mort de ce mandarin, de
« cet homme chimérique doive vous rendre riche à
« millions, et qu'il vous suffise de lever le doigt,
« chez vous, en France, pour qu'il meure, sans que
« jamais personne puisse vous inquiéter, dites,
« que feriez-vous ? »

« Ce passage terrible a dû faire rêver bien des gens, et Bianchon, ce grand matérialiste si bien décrit par M. de Balzac, n'avoue-t-il pas, dans un épanchement intime, qu'il en est à son trente-troisième mandarin ? Ah ! qu'on a dû faire d'expériences ! et si l'hypothèse de mon philosophe était réalisable, quelle Saint-Barthélemy de mandarins ! »

Georges interrompit quelque temps son monologue et courba la tête pour laisser passer l'ouragan que le philosophe athée avait déchaîné dans son âme. Les mauvais instincts réveillés parlaient en ce moment plus haut que la raison, plus haut que la réalité.

Cependant les masques avinés menaient à travers la rue leur sarabande grossière, et, comme des oiseaux de nuit, les chants d'ivresse et de plaisir se heurtaient aux vitres de l'appartement.

« Ils m'appellent, se dit Georges ; ils demandent pourquoi je ne vais point avec eux m'étourdir de sang-froid et m'amuser de ce qui fait horreur à toute créature pensante. Eh ! mes amis, je suis à bout de dettes et d'orgies : je n'ai plus d'argent, plus de crédit et plus de fausse gaieté. Oh ! non certes ! vos voix alertes troubleront mon sommeil ; mais elles n'auront pas la puissance de me faire franchir le seuil de ma maison. »

Ses regards se portèrent sur la cheminée, où une

figure de porcelaine, chef-d'œuvre baroque d'un artiste chinois, dirigeait vers lui sa grimace éternelle.

Le jeune homme sourit.

« Ceci est peut-être le portrait d'un mandarin : nez joufflu, joues pendantes, moustaches qui tombent comme des panaches, le crâne pointu, les mains crochues, un vrai magot. Si l'on considérait bien la laideur de ce peuple imbécile, on accorderait beaucoup de circonstances atténuantes à ceux qui tuent des mandarins. »

Évidemment une pensée obstinée poursuivait Georges, qui la repoussait, et cependant y revenait toujours.

« Eh, parbleu ! s'écria-t-il après une courte lutte qui fut la dernière, je suis seul, je m'ennuie ; je vais exécuter pour moi seul une folie de carnaval, folie toute philosphique et toute théorique ; j'en ai fait de plus condamnables. Il est minuit moins un quart. Je me donne un quart d'heure pour préparer ma conjuration. Voyons, quel mandarin tuerai-je ? Je n'en connais aucun, et je n'ai pas l'almanach Bottin du Céleste-Empire. Cherchons un peu. »

Un journal se trouvait là. Georges le parcourut rapidement. On était au fort de la querelle de la Chine et de l'Angleterre ; à la septième colonne, notre héros trouva une proclamation signée des commissaires impériaux Lin, Lou, Lun et Li.

« Va pour Li ! se dit-il, c'est probablement le plus jeune. »

La pendule gronda annonçant l'heure.

Georges prit devant sa glace une pose solennelle, et il dit d'une voix forte :

« Si la mort du mandarin Li doit me rendre riche et puissant, quoi qu'il en puisse advenir, je veux la mort du mandarin Li ! »

Et il leva le doigt. Au même instant le magot de porcelaine oscilla sur sa base et vint se briser aux pieds de Georges stupéfait.

Il eut un moment d'effroi superstitieux ; mais il réfléchit que son doigt avait touché la fragile figure, et l'accident ainsi expliqué, il se déshabilla, se coucha et s'endormit la conscience légère.

Cependant dominos, pierrettes et débardeurs passaient incessamment sous ses fenêtres en chantant des airs connus. Le bal de l'Opéra fut extrêmement gai, au dire des experts, et rien n'annonça aux Parisiens que, dans la nuit du 12 janvier 1840, M. Georges d'Aubremel avait condamné à mort le mandarin Li, fils du Mung, fils de Tseu, mandarin lettré de cent quarante quatrième classe.

II

A neuf mois de là, Georges d'Aubremel habitait un hôtel garni enfoui entre deux saillies de la rue Saint-Pierre-Montmartre, et il vivait d'emprunts. Le sceptique gentilhomme devait une somme considérable à son hôtesse ; ses habits avaient vieilli, car le tailleur avait brisé toutes relations avec Georges le jour où l'élégant ameublement de la rue Laffitte s'était étalé tristement à l'hôtel des commissaires-priseurs, cette morgue des mobiliers de garçon.

Georges, découragé, fatigué par les privations et les tortures intérieures de l'orgueil humilié, était tombé à ce point de détresse, qu'il lui arriva plus d'une fois de se réfugier dans quelque sombre allée pour éviter le regard d'Ernestine lorsque

Mlle Montmorot passait au bras de son père. Le marquis d'Aubremel était à deux doigts de cet anéantissement total qui aboutit à la folie ou au suicide, qui est aussi une folie.

Un matin, il attendait son hôtesse à qui il voulait demander un nouveau délai, il s'était assis dans la cage vitrée qui précède l'escalier des hôtels garnis. Un journal se trouvait sous sa main ; il le parcourut, et l'article suivant eut le privilége d'attirer son attention :

« Chiusang, 12 janvier 1840.

« Les hostilités ont éclaté entre l'Angleterre et le Céleste-Empire. La mort subite et inexplicable du mandarin Li, qui, seul dans le conseil, contre-balançait l'influence de Lin, homme violent et porté pour la guerre, ont amené de regrettables événements.

« A la première attaque, les Chinois se sont enfuis avec une incroyable couardise ; mais, dans leur retraite, ces lâches coquins ont massacré plusieurs négociants anglais qui avaient établi des factoreries aux portes même de Canton. Parmi les victimes se trouve un vieillard appelé Richard O'Grady, qui laisse une fortune évaluée un demi-million sterling. Le *Times* annonce que les héritiers du défunt sont invités à se présenter chez M. William Harrisson, sollicitor, Soho-square. »

« Mon oncle! s'écria Georges. Hélas! j'ai tué mon oncle et le mandarin Li. »

Georges n'avait pas le premier sou de l'argent nécessaire pour aller à Londres, mais, sur la production de son acte de naissance et de l'article du journal, l'hôtesse de Georges lui procura facilement la connaissance d'une honnête personne, qui, moyennant une lettre de change de dix-huit cents francs à six semaines de date, et une délégation en règle, lui avança, sans intérêts, un billet de mille francs pour mettre ordre à ses affaires.

Huit jours après son arrivée à Londres, Georges, installé dans un magnifique appartement de Piccadilly, paraissait en proie à une vive anxiété. Il attendait le premier versement d'un million, produit de la vente d'une cargaison de thé, opérée par les soins de M. William Harrisson.

Nulle autre pensée n'agitait Georges que l'impatience fébrile d'entrer en possession de son bien, de toucher des doigts son opulence, et, pour ainsi dire, de constater son rêve.

Cependant le fait était certain : la mort de Richard O'Grady avait été certifiée, légalisée et paraphée; l'*ab intestat* était aussi bien établi que la filiation de l'ayant droit. Georges d'Aubremel héritait d'un bien très-légitime et il n'avait aucun scrupule à cet égard.

Un garçon d'hôtel vint interrompre le cours des

réflexions de Georges, en lui annonçant le premier clerc de William Harrisson, sollicitor.

« Pourquoi donc pas M. Harisson lui-même, » allait s'écrier Georges.

Mais il ne prononça pas la fin de cette phrase, tant la vue de ce premier clerc lui causa d'étonnement.

C'était un petit homme tout maigre, tout frêle, osseux, contrefait, hideux, avec une grosse tête et des yeux ronds, un crâne pelé, un nez camard, une bouche fendue jusqu'aux oreilles, et un petit ventre procumbant qui avait l'air d'une besace.

« J'apporte au noble marquis d'Aubremel les valeurs qu'il attend, » dit l'homme.

Et sa voix, claire et argentine comme le timbre d'une pendule ou d'une boîte à musique, fit une douloureuse impression sur Georges. Cette voix donnait mal aux nerfs.

« J'ai préparé un reçu, » dit Georges ; et il étendit la main.

Mais le premier clerc du sollicitor s'était adossé contre la porte et ne bougea pas.

« Eh bien ! monsieur ? » s'écria Georges avec un mouvement convulsif.

L'homme s'avança lentement, sans presque remuer les pieds, comme s'il eût glissé sur le parquet. Sa main droite était plongée dans la poche de son habit ; il tenait la tête baissée et ses lèvres murmuraient des paroles qu'on ne pouvait entendre.

Enfin, il tira de sa poche une liasse énorme de bank-notes, de traites et d'effets de commerce ; il s'approcha de la fenêtre et se mit en devoir de les compter attentivement.

Georges fut alors frappé d'un singulier phénomène, bien fait pour lui inspirer une sourde terreur. Bien que le premier clerc de M. William Harrisson fût placé devant la croisée de l'appartement, il ne produisait aucune ombre ; les rayons du soleil se jouaient librement dans la chambre, et, à travers ce corps humain, aussi diaphane que le cristal de roche, Georges voyait distinctement les maisons situées de l'autre côté de la rue.

Alors il lui sembla que ses yeux se dessillaient : le frac noir du clerc s'était coloré de bleu, de vert et d'écarlate ; il s'était allongé comme une simarre, et portait l'image éclatante du dragon de feu, fils de Bouddha. Sur le crâne jaune et dégarni du petit homme s'élevait une natte de cheveux grisonnants hérissés comme un plumet ; ses yeux ronds et jaunes tournaient dans leur orbite avec une rapidité singulière.

Georges reconnut Li, fils de Mung, fils de Tseu, mandarin lettré de cent quarante quatrième classe. Le meurtrier n'avait jamais vu la victime, mais il ne put douter que ce fût elle, grâce à la prodigieuse ressemblance du premier clerc du sollicitor avec le magot de porcelaine qui s'était brisé dans la nuit du 12 janvier 1840.

Cependant l'homme avait fini de compter sa liasse et il la tendit à Georges d'Aubremel en lui disant de sa voix argentine :

« Monsieur le marquis d'Aubremel, voici quarante mille livres sterling, donnez-moi votre reçu. »

Et Georges entendait la voix lui dire sur un mode plus aigu encore :

« Georges, voici un million à compte sur le prix de ton crime. Georges, mon meurtrier, prends cet argent de ma main.

— De ma main ! répétaient mille petits échos réfugiés dans les coins secrets de l'appartement.

— Non, non ! s'écria Georges en repoussant le clerc d'avoué; non, non : cet argent me brûle. Retire-toi ! »

Et il tomba accablé dans un fauteuil. Il respirait à peine ; des gouttes de sueur tombaient de son front gonflé.

L'homme salua jusqu'à terre et se retira à reculons. A mesure qu'il s'éloignait, Georges le voyait reprendre sa forme naturelle. Les rayons du soleil d'automne avaient cessé d'animer cette incompréhensible apparition; il n'y avait plus devant Georges que le très-humble commis de son chargé d'affaires.

Par un mouvement plus fort que sa volonté, Georges s'élança sur les traces du vieillard, qui avait franchi le seuil. Il le rejoignit dans l'escalier.

« Mon portefeuille ! s'écria-t-il d'une voix impérieuse.

— Le voici, » dit doucement le vieillard.

Georges, rentré chez lui, ferma la porte au verrou et compta avec une exaltation qui tenait du délire la somme énorme renfermée dans le portefeuille.

Puis il baigna d'eau ses tempes fiévreuses et jeta un regard anxieux sur les objets qui l'entouraient.

« J'ai eu un accès de fièvre chaude, se dit-il. Quand les mandarins sont morts, ils ne reviennent pas, et l'on ne tue point un homme en levant un doigt en l'air. Néanmoins, mon philosophe a parlé comme un homme qui n'avait point d'expérience morale. Si la pensée d'un crime a failli me rendre fou, que serait-ce donc si j'étais vraiment criminel ! »

Le soir même, Georges commanda des chevaux et repartit pour la France.

III

A quelque temps de là, M. S. Montmorot (du Cher), chevalier de la Légion d'honneur, donna un grand dîner pour célébrer les fiançailles de sa fille avec M. le marquis Georges d'Aubremel, un des plus beaux noms de France, disait-il.

Le contrat par lequel il assurait une partie de sa fortune à Mlle Ernestine Montmorot fut signé à dix heures du soir.

La célébration légale du mariage était fixée au lundi suivant. Ce jour-là, Georges, délivré de toutes préoccupations fâcheuses, tout entier au bonheur d'épouser Ernestine, montra à ses amis et à ses témoins un visage radieux.

Bientôt, les fiancés parurent devant l'officier de l'état civil, qui était l'un des adjoints au maire.

Georges, sous l'empire de l'étrange hallucination qui ne cessait de le poursuivre, trouva quelque ressemblance entre l'adjoint et le Chinois qu'il avait une nuit brisé par maladresse. Puis son front s'assombrit, son œil s'enflamma. Derrière les lunettes bleues de l'adjoint, il avait vu rouler les yeux jaunes du clerc de M. Harrisson, de Li, fils de Mung, fils de Tseu.

Lorsqu'enfin l'officier municipal lui adressa la question sacramentelle :

« Georges-Étienne d'Aubremel, prenez-vous pour épouse, Ernestine-Juliette Montmorot ? »

Georges entendit une voix claire et vibrante qui disait :

« Georges, mon meurtrier, je te donne une épouse de ma main, de ma main.... »

Et tous les échos de la mairie répétaient : « De ma main ! de ma main ! »

L'adjoint reprit d'une voix plus forte :

« Georges-Étienne d'Aubremel, prenez-vous pour épouse Ernestine Juliette Montmorot ?

— De ma main ! de ma main ! bourdonnaient mille petits lutins invisibles.

— Non ! dit Georges d'une voix terrible, » et il s'enfuit comme un fou.

IV

En rentrant chez lui, Georges donna l'ordre de ne laisser pénétrer personne. Il se jeta sur son lit dans un accablement qui dura jusqu'au soir. C'était une sorte d'engourdissement profond du cerveau, accompagné de la prostration de toutes les forces physiques. Il ne pensait plus, mais il souffrait.

Vers le soir, il sortit de cet état singulier, dont le tira une pensée persistante.

« Je suis un lâche assassin! dit-il; j'ai souhaité la mort de mon semblable; Dieu me punit, je vais exécuter l'arrêt. »

Il étendit la main dans l'ombre pour saisir un poignard suspendu à la muraille.

Alors une lueur douce éclaira les rideaux et l'intérieur du lit, et, à quelques pas, Georges aperçut distinctement la figure étrange du mandarin Li. Les ombres de la mort contristaient son visage, et sans que ses lèvres parussent remuer, Georges entendit les paroles suivantes prononcées de cette voix claire et argentine qui lui avait fait tant de mal, mais qui cette fois lui sembla aussi mélodieuse qu'une musique divine :

« Georges d'Aubremel, Dieu ne veut pas que tu meures, et, moi son serviteur, je suis venu te dire sa volonté. Georges tu as été cruel, tu as été avide, tu as désiré la mort d'un innocent, et cette mort a causé celle d'un grand nombre de créatures tombées victimes des passions barbares d'un grand État de l'Occident. Georges, la vie humaine est une chose qui doit être sacrée pour l'homme. Dieu seul peut reprendre ce qu'il a donné. Vis donc, si tu ne veux à une faute ajouter un grand crime. Et si l'absolution d'un mort peut te rendre quelque force et quelque courage, Georges, je te pardonne. »

La vision disparut.

Georges se conforma scrupuleusement aux instructions de Li, fils de Mung, fils de Tseu, et il jura de consacrer sa vie au soulagement de toutes les infortunes.

Il employa l'immense richesse de Richard O'Grady à fonder des établissements charitables. Il fait partie du bureau de bienfaisance de son arrondissement; il est membre du conseil des hospices, protecteur des salles d'asile et d'une foule de colonies philanthropiques.

Ernestine Montmorot n'a jamais voulu le revoir.

Il y a deux ans environ, poussé par un scrupule digne de tout éloge, Georges d'Aubremel a chargé le consul anglais à Chiusang de prendre des informations sur la famille Li, qui peut-être expiait dans l'indigence la mort de son chef infortuné.

Voici tout ce qu'on a pu lui dire :

Le gracieux souverain de l'empire du Milieu a confisqué les biens de la famille Li. Mme Li est morte de chagrin et de misère ; et Li fils, s'étant permis de blâmer la sévérité du glorieux empereur, a été étranglé bel et bien, ainsi que cela se doit faire dans un État policé.

BÉNÉDICT

BÉNÉDICT.

I

« Par le coche? dit une dame. Eh! monsieur, prend-on le coche?

— Je l'ai pris, madame, répondit Bénédict, et je ne m'en suis pas mal trouvé.

— Vous aviez le choix entre le bateau à vapeur et le chemin de fer.

— Aussi me suis-je décidé pour le coche. La vapeur éclate souvent.

— Mais la diligence?...

— La diligence verse.

— Le coche peut chavirer.

— Madame, j'ai consulté avec soin les procès-verbaux du garde général de la navigation ; il est sans exemple qu'un coche ait chaviré.

— Ma foi, mon cher ami ! s'écria M. de Walter, mieux valait aller à pied.

— Non. On peut faire de mauvaises rencontres, être mouillé, surpris par l'orage ou par un méchant dîner.

— Vous avez peur de tout, monsieur Bénédict, reprit la dame avec un sourire presque complaisant. Je puis vous dire cela franchement, connaissant de vous quelques traits du plus brillant courage.

— Je n'ai peur de rien, madame, je n'ai peur que de moi ; c'est l'émotion que je crains, car l'émotion me tue. »

Les convives de Mme du Moutier devinrent sérieux et n'essayèrent plus de railler Bénédict. Sa figure pâle, nerveuse et tirée, ses yeux hagards et pleins de flammes sombres, dénotaient un tempérament atteint d'un excès de sensibilité ou peut-être ruiné par les passions.

Après le dîner, trois personnes graves proposèrent un whist. On offrit une carte à Bénédict, qui la refusa d'un ton glacé.

« Je ne joue jamais ! » dit-il.

Il s'assit près de la cheminée et parut déterminé à lier une conversation muette avec les chimères de marbre dont elle était ornée ; or, entre ces monstres et notre héros, le hasard avait placé — divine transition! — la jeune dame qui déjà l'avait accablé de questions. Mais un peu intimidée et presque affligée, elle garda le silence.

Un sourire de Bénédict engagea la conversation. Elle sourit aussi, et lui dit, en secouant ses longues boucles blondes :

« Vous devinez ce qui m'occupe, monsieur?

— Vous vous demandez, madame, pourquoi je ne joue pas. »

Elle fit un petit signe de tête.

« Le jeu m'anime, m'intéresse. Je m'emporte facilement, et plus qu'il ne faudrait. Soit que je perde, soit que je gagne, je redoute une émotion, passagère mais funeste.

— Ceci est trop fort, dit-elle. Vraiment, monsieur, je ne vous comprends pas. Tiendriez-vous à l'argent?

— Beaucoup, madame; sans lui, la vie n'est pas.... *viable.*

— Alors vous tenez bien à la vie?

— Et vous, madame? répliqua Bénédict avec beaucoup de sang-froid.

— Je ne sais pas, monsieur. Je ne pense jamais à la mort.

— Moi j'y pense beaucoup, madame. Je me compare à un malheureux placé en équilibre parfait sur la pointe d'une roche qui côtoie l'abîme; le plus faible de ses ennemis n'a qu'à le toucher du doigt, et il s'engloutit pour toujours.

— En sorte que pour vous cet équilibre est le but suprême de la vie?

— C'est beaucoup que de ne pas souffrir.

— Eh bien! monsieur, je vois la vie autrement. Si je me croyais placée sur la pointe de ce rocher, au bord de cet abîme, savez-vous ce que je ferais?

— Vous vous endormiriez....

— Non, je me précipiterais la tête la première.

— Hé! madame, s'écria Bénédict, qui se leva tout effaré, c'est le suicide que vous me conseillez....

— Non, monsieur, dit la jolie dame, c'est le bonheur. »

Elle avait baissé modestement les yeux; quand elle les releva, Bénédict s'était enfui.

M. de Walter vint le remplacer auprès d'elle, qui paraissait rêveuse. Ses premiers mots l'éveillèrent en sursaut.

« Qu'avez-vous donc fait à M. de Marenne, à mon cher ami Bénédict? Il m'a dit adieu d'un air fatal, puis il est parti en murmurant votre nom. Ma cousine, l'avez-vous rendu fou?

— Je crois que M. de Marenne n'a pas attendu pour perdre la tête qu'il me fût présenté. Cependant j'ai des doutes : cette bizarrerie n'est-elle pas feinte?

— Le malheureux soupçon ! Bénédict est de bonne foi. Je crois qu'un vieux médecin, qui assistait à sa naissance et qui a enterré une vingtaine de ses parents, l'a persuadé qu'il mourrait d'un anévrisme du cœur avant sa trentième année.

— La prédiction est déjà démentie.

— Bénédict n'a que vingt-huit ans, ma cousine ; mais ce damné médecin lui a mis le cœur dans la tête, et je crois celle-ci beaucoup plus malade que celui-là. Bénédict vieillit depuis qu'il est sage. »

Mme de Montal ouvrit ses grands yeux bleus et regarda son cousin de manière à l'embarrasser.

« Oh ! quelques folies de jeunesse, la moindre des choses. Bénédict alors parlait, agissait comme tout le monde ; il allait au bal, au concert, aux courses ; il pariait, il jouait, il soupait ; il avait des chevaux, des....

— Ah ! dit la dame.

— Dame, oui ! ajouta le cousin. C'était un charmant garçon, qui se portait assez bien. Mais depuis deux ans, depuis qu'il s'est rangé, qu'il se soigne, qu'il évite toutes les émotions, il dépérit à vue d'œil. Il devient d'une mélancolie absurde ; il fait beaucoup plus d'extravagances que le plus fou des hommes sagés, et pour vivre tranquille, il a fait de son intérieur quelque chose d'intolérable, un petit enfer.... au pastel.

— C'est très-surprenant, ce que vous me dites là.

— Jugez de ses manies. Hier matin, je lui rends visite; il était midi. Le domestique me dit que monsieur n'est pas levé, mais qu'il va l'éveiller; c'est son heure. Le pauvre diable ouvre la porte de la chambre à coucher, sans précaution peut-être. Bénédict l'a chassé. Il a prétendu que Jean lui avait donné une émotion. — Figurez-vous, me dit-il, que j'étais plongé dans ce demi-sommeil qui calme tous les maux. Je ne pensais à rien, je ne sentais rien, j'étais heureux. Tout à coup le grincement d'une porte me réveille; mon cœur bat avec violence; un spasme me prend; j'ai failli mourir. Je ne puis pas garder Jean; ce n'est plus un valet de chambre, c'est un assassin. Je devrais le livrer à la cour d'assises; mais les lois sont mal faites : le jury l'acquitterait.

— Vous brodez, mon cousin.

— Je raconte, ma cousine.

— Je n'ose vous dire que ce récit m'amuse. M. Bénédict est un fou d'humeur assez triste. Cependant, je suis bien aise de l'avoir vu. En acceptant l'invitation de Mme du Moutier, je n'espérais pas rencontrer chez elle un *eccentric* de cette force. Vous l'amènerez à un de mes vendredis. »

La dame blonde soupira. William l'examinait. Il parcourait du regard la fraîche toilette de l'aimable causeuse, non sans s'arrêter à ses blanches mains, à sa chevelure abondante, à toute sa grâce et à ses beaux yeux. Il se disait qu'elle était sa cousine, qu'elle était veuve depuis deux ans et qu'elle était belle.

II

Le lendemain, M. William de Walter rendit visite à Bénédict de Marenne. Il était midi précis quand le successeur de l'infortuné Jean introduisit le jeune gentleman dans cette mystérieuse retraite.

Le logis de Bénédict vaut la peine sinon d'être décrit, du moins d'être indiqué.

Il y avait à l'angle de deux rues du faubourg Saint-Honoré, non loin de la mairie du premier arrondissement, une maison grande comme une caserne, composée de trois corps de logis, dont l'encadrement formait une cour assez vaste, close au fond par un grand mur et adossée aux jardins de l'hôtel jadis occupé par un des hommes illustres de ce temps. Presque au milieu de cette cour, mais un peu plus près du mur mitoyen que de la porte d'entrée, une fantaisie d'architecte avait élevé un pavillon isolé, une petite maison d'un étage parée comme un cottage et entourée d'un rideau d'acacias, parmi lesquels se jouaient des gerbes odorantes de fleurs. C'est dans ce logis d'artiste que Bénédict cachait ses tristesses et ses méfiances.

Ç'avait été une bonne fortune pour lui que de mettre la main sur cette bonbonnière, qui conciliait ses goûts, ses mœurs et les convenances de sa position. Trop riche pour s'accommoder des inconvénients de ces grandes fourmilières où vivent pêle-mêle cinquante personnes d'âge, de rang et de professions différentes ; attaqué de trop de manies pour supporter l'intimité qui s'établit dans les petits hôtels du faubourg Saint-Germain habités seulement par deux ou trois familles, et n'ayant cependant pas assez de fortune pour avoir un hôte et se monter une maison, il avait guigné deux ans la petite maison de la rue des Saussayes, qu'il avait enfin obtenue pour un loyer moindre que celui du premier appartement venu. Paris est la ville où toutes les existences trouvent leur gîte. Il ne faut que de la patience et un peu d'argent.

Grâce à son rideau de verdure, le pavillon se trouvait à l'abri de curieux du rez-de-chaussée, et le peu d'élévation de la toiture aurait dépisté l'inquisition des étages supérieurs. Sous ce rapport, Bénédict était parfaitement satisfait. Garanti contre les entreprises de ces ennemis du dedans, qui sont les voisins, les domestiques, les porteurs d'eau et les enfants, il avait pris ses mesures contre les ennemis du dehors; on ne pénétrait chez lui qu'avec un mot de passe, un mot de ralliement et un passeport.

On ne sonnait pas pour s'annoncer chez lui, car il est de fait que rien ne fait tressaillir un homme nerveux comme un coup de sonnette inattendu. On ne frappait pas non plus, parce qu'il savait que certains rustres frappent fort. En conséquence, la porte du jardin était toujours entr'ouverte. M. de Walter la poussa sans difficulté et se trouva dans l'antichambre, espèce de parloir qui se terminait par un guichet béant. Un valet aposté reçut le mot de passe et le transmit au valet de chambre placé de l'autre côté du guichet. Une porte s'ouvre dans le mur, et le successeur de l'infortuné Jean fit entrer M. de Walter dans un petit salon qui n'était qu'une autre antichambre mieux décorée. Le visiteur déclina distinctement son nom et son prénom; après cette formalité, François, tirant de sa veste rouge de petites tablettes, vérifia l'identité du nouveau venu sur une liste rédigée par ordre alphabétique et divisée en trois sections : *Amis*, *indifférents*, *importuns*.

M. de Walter appartenait à la première catégorie; rien ne s'opposa donc à ce qu'il passât dans le véritable salon, qui n'était plus séparé de la chambre à coucher de Bénédict que par une sorte de couloir.

« M. de Marenne est-il éveillé? demanda de Walter.

— Je ne crois pas, mais je vais entrer chez monsieur.

— Non, c'est inutile, j'attendrai.

— Oh! dit François en jetant un coup d'œil sur la pendule, il est midi ; je dois entrer chez monsieur à midi cinq minutes. Monsieur n'attendra pas longtemps.

— Entrez avec précaution, dit William, qui se rappelait la mésaventure de Jean et qui s'était laissé prévenir par la figure débonnaire de François.

— Monsieur est bien bon, répondit celui-ci en saluant, mais je suis au fait. »

Il est certain que Valmont ou Lovelace eussent envié l'adresse de François. Il ouvrit la porte fatale si légèrement qu'elle n'effleura même pas le tapis. Avec la même dextérité, il fit glisser les rideaux sur leurs tringles, et laissa pénétrer dans la chambre à coucher le peu de jour qui filtrait à travers les persiennes.

Il s'agenouillait près de la cheminée et préparait le feu, quand un cri aigu se fit entendre :

« Misérable! drôle! bélître! criait Bénédict. Pourquoi entres-tu chez moi sans m'avertir ?

— Je demande respectueusement à monsieur la permission de lui faire observer que Jean eut hier le malheur de l'avertir et que....

— Voilà qu'il réplique, maintenant! Tu ne sais pas que tu pouvais me tuer! comment! je sommeille ou à peu près, je n'entends aucun bruit, je me crois seul; j'ouvre les yeux, et j'aperçois un homme à deux pas de mon lit! Il y a là de quoi ébranler une organisation moins sensible que la mienne.

— Monsieur devait bien penser que cet homme, c'était moi.

— Ce pouvait être un autre, un malfaiteur, un créancier!

— Ah bien! par exemple! dit François entre ses dents.

— Que murmures-tu?

— Je pense que monsieur veut rire, répondit François du ton d'un domestique qui va dire une impertinence; tout le monde sait bien que monsieur n'a pas de créanciers. »

William voulut intervenir et préserver François de l'orage amassé sur sa tête; il s'avança majestueusement vers le seuil de la chambre à coucher. Ce fut un coup de théâtre. Bénédict se roula sur son oreiller comme un enfant volontaire.

« Oh! le scélérat, le bourreau! Il y a quelqu'un chez moi, et le monstre ne me prévient pas! Il ne me dit rien, et fait attendre! C'est pour en mourir! — Bonjour, William; bonjour, cher. Excusez-moi! — Allons, c'est fini, va-t'en et ne reparais jamais devant mes yeux. »

François sortit la tête basse.

« Vous êtes bien malheureux, mon pauvre Bénédict! dit William.

— Jugez-en! Des domestiques qui me mettent vingt fois par jour en danger de mort. »

William sourit.

« Vous ne compatissez pas à ce genre d'infortune? Dieu vous en préserve, mon cher William! Je ne puis me passer de mes gens, mais ils sont apparemment en mesure de se passer de moi. Je suis la poupée sur laquelle ils tirent à la cible, au risque de la briser. Tout bien considéré, j'ai voulu fuir dans un désert; mais cette tentative ne m'a point réussi.

— Où prenez-vous le désert?

— Aux environs d'Auxerre, département de l'Yonne.

— Ah! voilà donc pourquoi vous aviez pris le coche?

— Une triste invention que le coche! J'avoue qu'il ne m'a causé aucune émotion redoutable. On y voyage avec la placidité que j'avais espérée, mais franchement, il a ses tristesses. Mon imagination est restée parfaitement calme, mais je n'ai pas trouvé l'équilibre physique dont j'ai besoin. Il y avait trop de nourrices.

— Mais les nourrices du coche ne vous ont pas suivi à la campagne?

— Plût à Dieu!

— Voilà que vous les regrettez, à présent?

— Non, je regrette les nourrissons. Si, dans ma retraite, j'avais eu sous la main une trentaine d'enfants de six mois, se livrant aux improvisations musicales qui font que pour mon compte, j'ai pardonné au roi Hérode, peut-être eussé-je combattu victorieusement le fléau qui m'a fait abandonner mon asile champêtre. Croyez-moi, ce n'eût pas été trop d'une phalange d'enfants à la mamelle pour conjurer le piano qui m'a fait passer des jours si nébuleux et des nuits si navrantes.

— J'entends : quelque villageoise! la fille de l'instituteur primaire qui vous régalait de la valse de *Giselle* ou de la *Polka nationale!*

— Pas du tout. La musique était délicieuse; le virtuose, que je n'ai jamais vu, exécutait avec un talent de premier ordre le *Désir* de Beethoven, la *Serenata* de don Pasquale, la *Romance sans paroles* de Mendelssohn, et quelques autres morceaux exquis. J'ai su que j'avais pour voisine une Parisienne. Elle recevait de fréquentes visites. C'étaient des files de voitures, et des journées de fêtes, et des soirées de bal; on riait, on chantait. J'ai trouvé le désert

un peu trop habité, et je suis revenu dans le seul endroit où l'on puisse se créer un désert véritable :
— Paris!

— Bénédict, dit William avec une demi-raillerie, je croyais savoir que vous aimiez beaucoup la musique.

— Je l'aime trop, cher William. Je l'aime au point que j'écoute aussi bien qu'un opéra-buffa les concerts de l'orgue de Barbarie qui gémit dans les carrefours. Un soir, Duprez chantait *la Juive*. Ce qu'il prêta au juif Éléazar de passion, d'ardeur et de génie, je ne saurais vous le décrire. Une chaleur inconnue se porta de ma tête à mon cœur ; ma vue fut troublée, tous mes sens s'alanguirent, et, succombant à la force de l'émotion, je me trouvai mal dans ma loge. Depuis ce soir-là, je ne puis plus souffrir Duprez. Eh bien! ce que le grand chanteur m'avait fait ressentir, je l'éprouvais en écoutant les concerts de ma bruyante voisine. Elle avait découvert dans les mélodies de Schubert un morceau que, dans ma fatuité, je croyais seul avoir chanté. Cela s'appelle *le Joueur de vielle*. N'avez-vous jamais entendu, William, cette romance mélancolique? »

William secoua la tête.

« Vous êtes Anglais, reprit Bénédict. Vous n'aimez la musique qu'au Queen'stheatre, sous le feu des lumières, avec quatre millions sterling de diamants au col de vos ladies ; ce que vous aimez, ce n'est pas l'art divin de Cimarosa et de Mozart ; non, c'est une place aux stalles d'honneur, presque un rang à la cour ; l'opéra pour vous, c'est le prince Albert dans une avant-scène et la duchesse de Kent dans une loge de face. Vous applaudissez beaucoup Jenny Lind, qui n'a pas de voix, mais vous adorez les clowns et les éléphants d'Adelphi. Donc, vous ne connaissez pas *le Joueur de vielle* de Schubert : deux phrases toutes simples pour mélodie, quatre notes plaintives pour accompagnement. Jouées par Marie Pleyel, ces deux phrases et ces quatre notes feraient pleurer le duc de Wellington. Or, l'inconnue n'avait pas la science de Marie Pleyel, mais elle avait la force et la grâce, la rêverie et la douceur : elle faisait chanter la corde et soupirer l'archal. Une nuit, j'ai beaucoup pleuré en l'écoutant, et le lendemain, j'ai repris le coche. J'avais trouvé l'émotion là où j'étais allé la fuir.

— Vous la trouverez partout, voilà la morale de votre histoire. Et si j'ai un conseil à vous donner....

— Laissez là cette hypothèse, vous n'avez pas de conseil à me donner, puisque vous êtes mon ami. »

Il sonna.

« Mon cher William, reprit M. de Marenne quand son valet de chambre l'eut habillé, vous déjeunez avec moi, n'est-ce pas ?

— Je veux bien.

— Voilà qui est convenu ; je vous traite au cabaret ; ça nous rajeunira. Germain, faites atteler le coupé. »

Germain parut au bout de cinq minutes pour annoncer à son maître que l'ordre était exécuté.

« Au café de Paris ! dit Bénédict en entrant dans sa voiture, petite comme un traîneau, et trop basse pour qu'on pût dire qu'il y montât. »

Le léger équipage partit comme la flèche.

« Je vous croyais ennemi des voitures ? dit William, qui avait l'habitude de poser au bout de chacune de ses phrases un point d'interrogation.

— Sur les grandes routes, oui ; mais dans Paris, il faut se réconcilier avec elles ; c'est le seul moyen de ne pas être écrasé.

— Encore n'est-il pas nécessaire d'aller avec cette vitesse, ajouta l'implacable William.

— Je vous en demande pardon ! répliqua l'inaltérable Bénédict. Voulez-vous que mon cocher modère les chevaux ? Avant cinq minutes, nous serons accrochés par un fiacre ou par une charrette. Connaissez-vous un véhicule plus paisible que l'omnibus ? Eh bien ! ce placide carrosse fait la moitié des embarras de Paris ; on le bouscule, on l'arrête, comme s'il ne s'arrêtait pas assez souvent ! Si je n'allais très-vite avec mon équipage, j'aimerais mieux aller à pied ; j'aurais alors l'adresse impertinente des vrais Parisiens, gens flegmatiques, quoi qu'on en dise, qui respectent l'attelage rapide aux naseaux enflammés, mais qui se promènent ironiquement sous le nez des chevaux de fiacre. Étant donné un omnibus et un Parisien, il y a trois à parier contre un que le Parisien écrasera l'omnibus. »

La petite voiture de Bénédict roulait sur le pavé comme un boulet de canon. Les deux amis ne purent voir une scène qui se passait au milieu de la chaussée.

C'était à ce carrefour formé par le confluent de la rue de la Chaussée-d'Antin et de la rue Louis-le-Grand et leur jonction au boulevard. Les files de voiture s'y croisent et s'y mêlent avec une dangereuse vélocité, et dans ce grand courant, la rue Basse-du-Rempart, la rue de la Michodière, la rue du Helder, viennent jeter le tribut de leurs flots à quatre roues.

Une jeune dame, sortie de la rue de la Chaussée-d'Antin, voulut traverser le boulevard dans la direction du pavillon d'Hanovre. Elle considéra d'abord d'un œil inquiet les voitures de toute espèce qui entravaient la voie, et elle resta sur la marge du trottoir, prête à s'élancer comme l'oiseau qui s'envole, et découvrant sans le savoir son pied mignon et sa cheville délicate. Après deux minutes d'hésitation, son parti fut pris : elle s'élança bravement entre deux paisibles cabriolets amarrés le long du rivage. Mais quand elle eut fait quatre pas, un de ces énormes chariots qui servent à transporter les décors des théâtres s'éleva comme une forteresse entre elle et la rive opposée. Elle voulut rétrograder. Les lourds milords venaient de charger et s'ébranlaient avec fracas. Une américaine fringante descendait le boulevard à sa gauche, et, à droite, le brougham de M. de Marenne accourait comme le vent.

La malheureuse femme se voyant perdue, devint pâle et tremblante ; elle perdit la tête et se mit à courir çà et là, en poussant des cris de détresse.

L'un de ces cris parvint aux oreilles de Bénédict ; d'un geste et d'un signe il avertit son cocher ; les chevaux haletants s'arrêtèrent en roidissant les jarrets. M. de Marenne s'élança, vit la pauvre éplorée, jugea le péril d'un coup d'œil, et, sans plus de réflexions, il la prit dans ses bras et l'apporta comme un enfant dans sa voiture. Une seconde plus tard, ils eussent été brisés tous deux par l'américaine emportée, qui n'avait pu maîtriser son élan.

En apercevant le visage de la dame évanouie, William poussa un cri d'étonnement. C'etait Mme de Montal, la jolie veuve aux boucles blondes.

« Elle n'est pas blessée, dit Bénédict ; garde le coupé et reconduis-la chez elle.

— Pourquoi pas toi ?

— Non, tu es son cousin, cela vaut mieux, et c'est plus naturel.

— Adieu donc.

— A tout à l'heure. Je t'attendrai au café de Paris. »

Bénédict s'éloigna ; William jeta au cocher l'adresse de Mme de Montal, rue de la Tour-des-Dames, puis il ouvrit toutes les glaces ; l'air frais et le mouvement des roues tirèrent la belle effrayée de son immobilité.

« Ah ! mon cousin, dit-elle, que j'ai eu peur ! Sans M. de Marenne, j'étais morte ! »

Elle tremblait comme la feuille, et, toute faible, elle se tenait aux larges bretelles de la portière de droite.

« Pourquoi nous a-t-il quittés ? dit-elle d'une voix à peine distincte ; quand on a sauvé une femme avec tant d'intrépidité, c'est bien le moins qu'on ne l'abandonne pas tout de suite ; un peu de galanterie ne messied pas, même au courage.

— Eh ! dit Walter, vous avez coutume, ma chère cousine, d'exagérer les choses ; Bénédict n'a été ni galant ni impoli ; il a obéi à la plus simple des convenances. Sa voiture n'est qu'à deux places ; il fallait que ce fût lui ou moi.... »

Mme de Montal rougit, sans que William osât

attribuer ce phénomène aux paroles innocentes qu'il venait de prononcer; mais il crut deviner quelques-unes des pensées secrètes de Mme de Montal, et il garda le silence.

Lorsqu'il offrit le bras à sa cousine pour quitter la voiture, Mme de Montal, facilement oublieuse, avait repris toute sa sérénité et cette gaieté légère qui lui donnait tant de grâces.

William de Walter n'était pas, à beaucoup près, aussi anglais que ses compatriotes; sa cuirasse naturelle d'orgueil et de froideur offrait de nombreux défauts. Il se montrait ordinairement très-attentif et très-assidu auprès de Mme de Montal, dont la fortune ne déparait pas la beauté. Pendant une demi-heure qu'elle le retint dans son salon, il la trouva plus charmante que jamais, d'une grâce cordiale et d'un esprit délicieux. Mme de Montal eut, en effet, beaucoup d'esprit pendant cet entretien, car William se retira pénétré jusqu'au fond de l'âme, sans s'apercevoir qu'il était expressément chargé d'inviter M. de Marenne à venir voir, le plus tôt qu'il pourrait, la femme qui lui devait un grand service. Il est vrai que la jolie veuve avait enveloppé ce message de toutes les belles équivoques que sait construire une femme en pareille occasion, et William joua positivement le rôle de l'employé aux dépêches qui transmet les signes du télégraphe sans en pénétrer le sens.

Bénédict comprit qu'il manquerait d'égards en n'allant point s'informer de la santé de Mme de Montal, et dès le lendemain il se présenta chez elle.

III

Il y avait trois ans au plus que Bénédict était devenu l'étrange maniaque que nous connaissons. A cette époque, il avait perdu son frère aîné, qui mourut à trente ans, subitement comme d'un coup de foudre. Leur père était mort ainsi.

Bénédict aimait la vie ; il était d'une nature affectueuse, légère et gaie ; mais la crainte de mourir à trente ans, qui l'avait peu saisi d'abord, devint par la suite une préoccupation maladive et très-funeste. Il s'était soumis à un régime hygiénique peut-être fort ingénieux, mais au fond très-malsain, car il maigrissait terriblement, son œil devenait cave et vitreux ; l'anévrisme imaginaire pouvait être vaincu par une réalité terrible, la phthisie.

Mme de Montal fut frappée de sa pâleur, de l'éclat

extraordinaire de ses yeux et de la faiblesse extrême qui ralentissait ses mouvements et se traduisait par une sorte de balancement, racheté par beaucoup d'élégance et de souplesse dans la démarche. Mais elle n'osa point lui en faire la remarque; elle devinait par son instinct de femme, instinct qu'aiguisait une sorte d'intérêt tendre, les faiblesses particulières de cet esprit inquiet et faussé; elle sentait qu'elle l'eût frappé douloureusement en lui communiquant ses craintes, même sous les formes les plus adoucies et avec les ménagements les plus délicats.

L'entretien fut court, embarrassant pour tous les deux. Mme de Montal, pleine de reconnaissance pour sa vie hardiment sauvée, n'osa l'exprimer qu'à demi; tandis que Bénédict, abattu par des douleurs sourdes, troublé par des sentiments dont il ne se rendait pas bien compte et qu'il ne voulait pas analyser, ne s'abandonna pas à cet étalage particulier d'égoïsme d'où ressortait son habituelle étrangeté.

Cependant l'un et l'autre goûtèrent sans doute quelque charme dans cette entrevue, dont les termes furent d'une banalité apparente qui nous dispense de les transcrire ici, et Bénédict revint tous les jours, sans s'apercevoir qu'il faisait à la jeune veuve une cour assidue. Il est vraisemblable que Mme de Montal fut plus clairvoyante; mais entre une femme chez qui l'amour n'excluait pas la prudence et un

halluciné de la force de Bénédict, cette liaison in-
avouée se serait prolongée sans solution, si un incident imprévu n'avait ouvert la porte à ces sentiments
trop longtemps comprimés.

Bénédict venait vers trois heures avec la régula-
rité volontaire qu'amène forcément l'état de sigisbé
d'une femme du monde, lorsqu'une créature s'in-
terposa entre lui et la porte du salon : c'était la
femme de chambre de Mme de Montal.

Bénédict s'aperçut pour la première fois que
Mme de Montal avait une femme de chambre ; jusqu'alors il avait pu le présumer, mais voilà tout.
La maison de Mme de Montal était trop bien réglée
et sa conduite trop sage, pour que ce genre de
Méphistophélès en jupon pût y prendre une autorité
marquée.

« Madame est sortie, » dit la soubrette de cette
voix trop assurée qui décèle immédiatement le mensonge.

Bénédict avançait toujours, comme s'il n'eût pas
compris.

Cette manœuvre troubla Mlle Julie, qui fut forcée
d'étendre les bras comme un grenadier qui croise
la baïonnette, et répéta :

« J'ai l'honneur de dire à M. de Marenne que
madame n'est pas visible. »

Une pareille variante entre les deux affirmations
de Mlle Julie était une révélation complète. Bénédict

se sentit le cœur pris d'une douleur aiguë ; une lueur soudaine illumina son regard, une révolution se fit en lui, une voix secrète lui criait : « Tu aimes Mme de Montal ! »

Et comme une fois éclairé sur lui-même, l'amour va vite, Bénédict se dit que puisqu'il aimait Mme de Montal, il avait le droit d'être jaloux, d'où, par une induction toute scolastique, il conclut promptement qu'il lui était licite de violer toutes les consignes, et tout en protestant de son respect pour les femmes de chambre en général, il prit Mlle Julie en particulier par le bras, la retint contre le mur avec une douceur qui n'admettait pas de résistance, et il entra chez Mme de Montal.

Le salon était désert, mais les sons d'un piano dirigèrent l'attention de Bénédict vers une petite porte entr'ouverte. Il s'avança doucement, tâchant par cette lenteur calculée de modérer l'agitation de tous ses sens. La chambre ou plutôt le boudoir où s'était confinée Mme de Montal était une petite pièce tendue de soie, dans laquelle était réuni tout ce qui peut flatter l'œil ou l'esprit d'un artiste, tableaux de prix, vases élégants ou rares ; et tout ce qui peut agir sur le cœur d'un amant, demi-jour timide et mystérieux, tapis épais, meubles discrets invitant aux confidences.

Un piano droit, merveille ciselée dans le palissandre et le nacre de perle, occupait un des pans de ce boudoir hexagone ; Mme de Montal dans une toilette à la fois séduisante et négligée, promenait ses doigts sur les touches avec une inattention qui accusait la profondeur de sa rêverie.

Bénédict, de plus en plus indécis, s'arrêta sur le seuil et contempla longtemps cette douce figure qui s'offrait à lui en profil perdu, l'œil un peu vague et noyé dans le bleu des chimères. Sa contemplation ne fut pas troublée, car Mlle Julie, repoussée au premier assaut, tenait son honneur pour sauvé par cette résistance héroïque, et s'était dit :

« Puisqu'il est entré, que madame s'arrange ! »

Bénédict était donc seul avec Ernestine de Montal. Nous n'entreprendrons pas d'analyser ce qui se passait dans l'esprit de celle-ci : aucune des langues parlées dans les cinq parties du monde, même l'arabe, qui possède, à ce que dit l'abbé Delille, en sa préface des Géorgiques, cent cinquante mots pour exprimer le mot *lion* et trois cents pour exprimer le mot *serpent*, ne possède de nuances assez variées ou assez fines pour exprimer l'état d'une âme de femme où s'entre-croisent de doux souvenirs, de vagues espoirs, un chagrin récent, un peu de dépit, beaucoup d'amour, et cette langueur voluptueuse et mélancolique, combinée des rayons d'une belle journée de printemps et des sonorités voilées d'une mélodie capricieuse comme un rêve.

Quant à Bénédict, qu'en dirons-nous, sinon qu'à

peine entré, il avait envie de s'en aller ? Une souffrance très-réelle enflammait sa poitrine ; il se sentait vaincu par les émotions d'une passion naissante, mais déjà forte, et il se demandait si Mme de Montal, avec ses séductions cachées sous beaucoup de candeur, n'était pas la parque terrible qui devait trancher le fil de ses jours. Là-dessus, il fut pris d'une petite toux fébrile ; Mme de Montal se retourna comme une biche surprise, poussa un cri et se leva. Bénédict se précipita à ses genoux, et tout fut dit. Ils s'aimaient.

« Pourquoi étiez-vous triste ? dit Bénédict quand il put retrouver la pensée et la voix.

— De ce qui ne vaut pas la peine d'être pleuré, répondit Mme de Montal en souriant : un mariage rompu. »

Elle se remit au piano pour déguiser je ne sais quelle adorable confusion.

« Quoi ! s'écria Bénédict, il était question de vous remarier....

— Eh ! mais, dit-elle, êtes-vous d'avis que je doive rester veuve ? »

Bénédict lui jeta un regard qui signifiait : « Ah ! madame ! sachez bien qu'une veuve ne doit se remarier qu'autant qu'elle m'épouse. S'il n'y avait un Bénédict au monde, votre devoir serait de vous brûler vive sur la tombe de votre mari, un très-galant homme que je tuerais s'il n'était pas mort.

Celui qui a conçu le téméraire projet de vous faire contracter un nouveau lien, est un monstre plein de bassesse. Le droit que les Bénédict ont d'épouser les Ernestine est imprescriptible et inaliénable. Une Ernestine qui épouserait un William serait tout bonnement une femme à jamais perdue, etc. »

Ce regard prolixe était accompagné en trémolo, par Mme de Montal, d'une phrase musicale qui n'a jamais été écrite dans aucune partition, et qui prouvait tout simplement que le piano était faux ou que Mme de Montal avait mal aux nerfs.

Bénédict continua tout haut sa pensée :

« Je suis sûr de ce que je dis : je ne vois à Paris que votre cousin William qui puisse avoir demandé votre main. »

Une marche en septièmes diminuées, articulée par le piano, sembla demander compte à Bénédict de la tournure insolite de son assertion, peu flatteuse pour les beaux yeux de Mme de Montal.

« Vous avez deviné, dit-elle presque en musique. Il y a bien deux ans que M. de Walter m'entoure de ses assiduités, et il ne s'est pas fait prier pour leur donner le sens le plus honorable. Il s'est déclaré le lendemain de votre première visite, et c'est votre dernière qui nous a détachés. Il a compté que nous étions au 10 du mois de mai, et en véritable statisticien, membre du bureau des longitudes de Greenwich, il en a positivement conclu que depuis le 20 avril dernier, c'était votre vingt et unième visite, au moins une fois par jour.

— Alors, interrompit Bénédict, vous lui avez dit que c'était peu.

— Non, je lui ai fait sentir que j'entendais garder la liberté, d'ailleurs irréprochable, de mes actions et que lorsque je serais sa femme....

— Vous lui avez dit cela ! s'écria Bénédict avec un vif chagrin. Ah ! vous ne m'aimez pas !

— Et d'une simple discussion en matière de mariage, nous avons abouti à une révolution.

— Vous avez bien de l'esprit, madame ! »

Il y avait un si poignant reproche dans cette reflexion, que Mme de Montal sentit ses yeux s'emplir de larmes. Son âme ne pouvant s'épancher librement, la courba vers le piano, et ses doigts, guidés par une force inconnue, exécutèrent la simple et sublime mélodie de Schubert : *J'avais dans la vie richesse et bonheur !*

Parvenu aux dernières limites de l'émotion, Bénédict se rappela tout à coup son désert de l'Yonne, et la voix magnétique et le prodigieux talent dont il avait craint la puissance.

« C'était vous ! » murmura-t-il d'un son de voix si touchant à la fois et si épouvanté que Mme de Montal, sans comprendre, devinant à peine, mais remuée jusqu'au fond du cœur, vint à lui et le soutint de ses bras au moment où il allait tomber évanoui sur le divan. Ce doux appui le ranima par une exaltation nouvelle. Mais alors, se dégageant tout à coup des blanches mains d'Ernestine, il s'élança hors du boudoir et se sauva comme si le diable l'emportait.

En se précipitant dans sa voiture, il murmura d'un ton égaré :

« Ah ! l'émotion ! le cœur ! Je me sens défaillir ! Une seconde de plus et j'étais mort ! »

Sa voiture l'emporta épouvanté rue des Saussayes.

Bénédict comprit rapidement qu'il n'avait plus le droit de sortir en plein jour et d'affronter le regard sévère des moralistes qui gouvernent le Jockey-Club ; il comprit encore mieux que pour éviter toute espèce d'émotion, il n'avait qu'un parti à prendre c'était de ne pas sortir, de ne pas remuer, de ne pas parler, de ne pas entendre, de ne pas voir, en un mot de ne pas vivre.

Ne pas vivre pour éviter de mourir, voilà la conclusion que Bénédict avait trouvée. Elle n'était guère plus satisfaisante pour son imagination que pour son amour-propre, et notre héros fut pris d'un spleen très-renforcé ; il eut avec lui-même un entretien secret dans lequel il se dit des vérités très-dures, se comparant à Cadet Roussel et surtout à Gribouille.

Néanmoins, comme il souffrait beaucoup, ayant la poitrine en feu et le cerveau très-dérangé, il se mit au lit et y resta huit jours. Pendant ce temps, toute communication entre le petit pavillon de la rue des Saussayes et le monde extérieur fut interrompue. Les lettres, les journaux, les cartes de visite, furent par les soins de Germain jetés pêle-mêle dans une sorte de chiffonnière, pour amuser *monsieur* quand il lui plairait de ressusciter.

Notez que ce singulier malade ne voulait pas de médecin ; le seul des disciples d'Esculape qui eût jamais capté sa confiance se l'était aliénée en lui soutenant qu'il se portait parfaitement bien.

Les huit jours écoulés, Bénédict, qui n'avait vécu que de bouillons de poulet et de filets de sole, fut appelé au sentiment de la vie ordinaire par un gros appétit et par une singulière envie de courir, de chanter et de boire.

C'est alors que l'adroit Germain se permit de lui dire que pendant cette huitaine il était venu vingt-huit lettres. Bénédict accueillit cette ouverture assez gracieusement et autorisa son valet de chambre à les lui apporter. Germain approcha le petit meuble de laque où gisaient pêle-mêle ces diverses missives, et Bénédict, étendant nonchalamment la main, décacheta la première venue.

« Monsieur, disait cette lettre, votre insolence dépasse toutes les bornes.... »

Bénédict fit un soubresaut, et sans en lire davantage, courut à la signature. L'auteur de la lettre était M. William de Walter.

« Ah ! parbleu ! se dit-il, je voudrais bien savoir comment j'ai pu l'offenser, autrement qu'en rêve ! »

Il ouvrit une autre lettre :

« Monsieur, je vous croyais un galant homme, mais.... etc.
« William de Walter. »

« Il est fou ! » murmura Bénédict. A une autre.

« Monsieur, je vous attendrai demain mercredi à six heures au pont de Suresne; j'aurai des armes....
« William de Valter. »

« Germain ! dit Bénédict d'une voix dolente, quel jour est-ce ?

— Dimanche matin, monsieur.

— Ce pauvre Walter ! il est d'une patience vraiment britannique ; il m'attend peut-être encore. Mais pourquoi faire ? avec des armes. Voyons celle-ci. Changement d'écriture :

« Monsieur, comme vous n'avez pas répondu à ma première du 16 courant, j'ai opéré selon la combinaison dont je vous avais fait part ; malheureusement, une baisse inattendue s'est déclarée ; votre liquidation prochaine vous constitue à découvert d'environ cinquante mille écus, non compris un bordereau pour négociations et courtage, dont je vous ai débité. Veuillez agréer, etc.

« Bermudez et Cⁱᵉ. »

« Diable ! se dit Bénédict : il faut que mon autre agent de change pare immédiatement ce coup. Cent cinquante mille francs ! La moitié de ce qui me reste ! »

Il décacheta une autre lettre :

« Monsieur, vous avez mis en moi une confiance qui m'honore et dont j'espère me montrer toujours digne. Tandis que d'imprudents spectateurs s'abandonnaient à de faux calculs basés sur l'éventualité d'une baisse chimérique, je prévoyais le mouvement contraire, et j'ai acheté pour vous du trois pour cent, fin courant. Au cours actuel, votre bénéfice réalisable dépasse trois cent mille francs.

« Agréez, etc. Michel *junior*. »

« A la bonne heure ! ceci payera cela. A une autre. » Réapparition de la première écriture, mais plus tremblée cette fois : il y a de la colère assurément dans ces jambages tortus :

« Monsieur, votre incroyable lâcheté, etc.

« William de Walter. »

« Nous réglerons ce compte-là tout à l'heure. A une autre : »

« Monsieur, je vous apprends avec joie que les cours ont fléchi vingt-quatre heures avant la liquidation. Votre compte se balance, sauf une différence insignifiante, non compris les frais du courtage et de négociations, dont le bordereau est ci-joint.

« BERMUDEZ et Ce. »

« Eh ! eh ! dit Bénédict en se frottant les mains. O ciel ! reprit-il d'un ton plus tragique, puisque Bermudez s'est relevé, Michel junior doit s'être enfoncé, et comme il opérait sur des capitaux plus nombreux, grâce à cet événement heureux, je dois perdre près de trois cent mille francs. Encore une lettre de Michel junior. Ah ! l'honnête homme ! il a réalisé à temps ! Il a employé mes fonds dans la caisse commerciale et industrielle de Godemer : une maison sûre. Je respire ! Finissons-en maintenant avec M. de Walter. Je vois là encore une dizaine de plis cachetés de ses armes. »

Dans la plupart de ces billets, M. de Walter se plaignait, tantôt avec amertume, tantôt avec ironie, tantôt enfin avec une énergie presque soldatesque, du silence inexplicable de Bénédict, silence qu'un homme d'honneur, disait-il, ne pouvait garder après une provocation aussi nette que celle qui lui avait été adressée. Comme il arrive toujours en pareil cas, la lettre essentielle fut la dernière qu[i] trouva Bénédict. Mais cette pièce importante de[meura] très-énigmatique pour celui à qui elle étai[t] adressée. William faisait allusion, en termes d'un[e] obscurité calculée, à certaines perfidies qu'il attri[-]buait à son adversaire, et finalement il lui offrait d[e] se couper la gorge avec lui dans le plus bref délai[.]

Dans ce factum, qu'un style franco-britanniqu[e] rendait assez burlesque, une phrase, entre autres[,] eut le don d'exercer la pénétration de Bénédict[.]
« Je sais tout, monsieur, *on m'a tout dit.* »

Bénédict rit d'abord, parce que l'assertion n[e] laissait pas d'être piquante; ensuite il s'attrista. Le[s] courts instants qu'il avait passés près de Mme d[e] Montal se retracèrent à sa mémoire, d'abord dan[s] toute la vérité de leur bonheur naïf, puis avec l[a] nuance bizarre que la maladie morale de l'homm[e] un peu timbré donne à tout ce qui le touche.

« Une femme charmante ! se disait-il d'abord[,] une femme dangereuse, ajoutait-il, qui m'aurait tu[é] par ses regards, qui m'aurait tué par sa voix eni[-]vrante, qui m'aurait tué par son amour. »

Germain interrompit ce monologue.

« Monsieur, dit-il discrètement, veut-il me per[-]mettre une confidence ? »

Bénédict fit un signe encourageant. Germain co[n-]tinua :

« Monsieur William de Walter vient de venir. C[

n'est pas pour faire l'éloge de cet ami de monsieur, mais j'ai admiré sa persévérance. Il est venu vingt-quatre fois en huit jours.

— Eh bien ?

— J'ai fait à M. de Walter la réponse que je lui avais faite vingt-trois fois en la variant le mieux possible, selon mes faibles moyens. Cette fois, M. de Walter n'a paru ni surpris ni mécontent de l'absence de monsieur ; mais....

— Mais qu'a-t-il fait ? Achève !

— M. de Walter s'est retiré ; je l'ai suivi de l'œil et je l'ai vu entrer chez le concierge. Un instant après, M. de Walter est sorti de la loge ; le concierge le précédait, tenant à la main les clefs du premier étage. Monsieur devine sans doute le plan de M. de Walter ?

— Pas du tout. Allons, Germain, finissons-en ; ne me donnez pas d'émotion inutile. Vous avez sans doute pénétré les intentions de William ; quelles sont-elles ?

— Je les ai pénétrées, comme monsieur veut bien le dire, grâce d'abord à l'intelligence que me donne mon zèle pour son service, et un peu aussi par les confidences du concierge, qui est de mes amis. M. de Walter a loué l'appartement du premier étage, meublé provisoirement d'une chaise et d'une table ; il s'y va faire apporter ses repas, et prétend y rester en sentinelle jusqu'au jour, jusqu'à l'heure où monsieur jugera à propos de sortir de sa retraite. « Le plaisir de voir M. de Marenne, a-t-il dit, « et de lui témoigner de vive voix tous les senti- « ments qu'il m'inspire, compensera la gêne que « je vais m'imposer. »

Bénédict entra dans une colère froide, qui étonna Germain, habitué qu'il était aux vives explosions de l'humeur de son maître.

« Germain, dit-il d'une voix concentrée, ce M. de Walter veut ma mort ; va lui dire qu'il peut prendre l'appartement du premier, à bail pour trois mois, six ou neuf ans. Je le préviendrai six mois d'avance. »

Germain sortit en s'inclinant.

« Pas un mot, pas un souvenir d'elle ! » murmura Bénédict.

Puis, il rappela Germain.

« Aucune autre lettre n'est venue ? dit-il.

— On n'a rien apporté que ce que j'ai eu l'honneur de remettre à monsieur.... Mais monsieur n'a pas tout lu. Il y a encore une lettre au fond du tiroir.

— C'est bien, laisse-moi. »

IV

Bénédict, resté seul, prit la lettre oubliée, et la tourna longtemps entre ses doigts. C'était un billet mignon, soyeux, ambré, ployé avec une exactitude élégante, et cacheté de cire blanche ; mais le chiffre au cachet n'était pas connu de Bénédict. Les deux lignes d'écriture qui traversaient l'enveloppe avaient une précision et une hardiesse qui dénotaient la main d'un homme, mais la ténuité des caractères ne confirmait pas cette supposition. La lettre ne plut pas à Bénédict. Après avoir longtemps hésité à l'ouvrir, il en vint à craindre presque autant le désappointement d'un billet sans importance que la grave émotion d'une nouvelle inattendue. Le résultat de son anxiété fut qu'il remit la lettre dans le tiroir. Il avança la main pour la saisir encore, et la retira sans y avoir touché. Il rechercha dans sa mémoire toutes les petites superstitions des femmes et des très-jeunes gens. Il en vint à fouiller ses meubles pour y trouver un jeu de cartes et décider la chose en un coup de baccarat ; mais les cartes ne se trouvant pas, il fallut songer à un autre oracle.

Une des lettres de William, gisant ouverte sur le guéridon, inspira à Bénédict des réflexions nouvelles. Il songea que cette querelle, ridicule au fond, devait finir un jour ou l'autre ; sa boutade de tout à l'heure n'avait de sel qu'autant qu'elle serait suivie d'actions plus sérieuses : tôt ou tard il faudrait s'expliquer ou combattre.

« Mon parti est pris, se dit Bénédict ; je verrai M. de Walter ; si nous ne pouvons nous entendre, nous nous battrons ; si l'explication ou le duel a une heureuse issue pour moi, eh bien, alors je lirai cette lettre suspecte. Si au contraire, les choses tournent mal, je dois me faire scrupule de me donner un chagrin superflu. Car, ajouta-t-il en posant sur son front son index étendu comme le canon d'une arme à feu, je suis positivement sûr que cette lettre m'annonce un malheur. »

Il sonna.

« Germain, allez dire à M. de Walter qu'il peut donner congé. Je suis prêt à le recevoir. »

V

Le lendemain matin, à sept heures, sept personnes arpentaient un vaste champ de luzerne situé sur le bord de la Seine, entre le pont de Suresnes et la porte du bois.

Bénédict avait pris le bras de M. Walter.

« C'est contre toutes les règles ! disait-il, mais je ne vois pas pourquoi nous ne nous traiterions pas en amis jusqu'au dernier moment. Et puis, vous savez ce que je vous ai dit, William : vous avez tort de me donner cette émotion.

— Vous n'êtes plus mon ami, monsieur ; vous m'avez pris le cœur de ma cousine.

— Vous seriez plutôt dans le vrai en disant que je vous ai empêché de le prendre ; mais la question n'est pas là. Il est probable que je ne verrai plus Mme de Montal ; ainsi donc...

— Décidément, monsieur, est-ce que vous ne voulez plus vous battre ?

— Vous savez bien que je ne me bats qu'à mon corps défendant. Je suis aussi brave que vous, William, mais je dis ce que je pense. Le duel est toujours une affaire ennuyeuse, un embarras, quelquefois un chagrin. Croyez-vous que je serai bien fier ou bien heureux quand je vous aurai couché par terre ?

— Nous n'en sommes pas là !

— Oh ! je vous préviens que si vous m'y forcez, je ne vous ménagerai pas !

— Faites comme vous voudrez, monsieur de Marenne, et surtout comme vous pourrez.

— A propos, dites à vos témoins de choisir l'épée ; du moins j'en serai quitte pour vous désarmer.

— Monsieur, point de fanfaronnades !

— Vous savez bien, William, que je le dis comme je le pense.

— Souffrez que je m'éloigne, » dit William en dégageant son bras.

Et les deux adversaires se séparèrent.

« Monsieur, dit Germain, qui emboîtait le pas derrière son maître, monsieur, faut-il vous lire la lettre ?

— Pas encore, animal ! as-tu donc peur que je

sois tué ? La peste étouffe le drôle, avec son air lugubre !

— Pardon, monsieur, j'ai tort.

— Tu te tiendras près de moi, et après le combat....

— Près de vous, monsieur ? Mais si M. de Walter vous manque, je puis bien attraper la chose !...

— Encore ? Je te chasse ! Sors de chez moi !

— Monsieur, nous sommes en plein air. »

Bénédict eut un sourire, et Germain recula de quelques pas pour s'ôter toute occasion d'exciter la bile de son maître.

A ce moment les témoins de Bénédict s'approchèrent ; les conditions du combat étaient réglées.

« Quelle arme ?

— Le pistolet.

— Ah ! tant pis !

— Vingt pas.

— Nous tirerons ?...

— A volonté.

— Ce pauvre William ! murmura Bénédict avec un sincère regret. Il l'a voulu ! Allons, messieurs. »

Les pas étaient comptés. William et Bénédict se placèrent. Un des témoins donna la signal.

« Au bras droit ! » cria Béndiéct.

Un seul coup de feu partit, et l'on vit le pistolet tomber de la main de William.

« Vous aviez raison, monsieur de Marenne, dit le blessé avec sang-froid. Je vous remercie de n'avoir pas visé plus haut.

— Je vous aime trop pour cela, William ; allons, soignez-vous bien, et au revoir. »

Au détour du petit chemin qui côtoie le champ du combat, Bénédict trouva sa voiture.

« Germain, donne-moi la lettre.

— La voici, monsieur.

— Non, lis-la-moi. Je me sens faible, j'ai la vue trouble. »

Germain rompit le cachet.

« Ah ! monsieur, s'écria-t-il, je n'oserai pas ! je n'oserai pas....

— Encore une émotion, dit Bénédict. Allons du courage ! »

Et il lut lui-même :

« Mon cher ami, vous savez que Michel junior a placé dans ma maison de banque une grande partie de vos fonds ; vous savez aussi que le contre-coup des événements politiques m'a forcé de la liquider ; mais je suis honnête homme et je payerai tout. Mon actif, qui malheureusement n'est pas actuellement réalisable, dépasse cependant mon passif. Avant dix ans, tout sera liquidé. Croyez, mon cher ami, à mon entier dévoûment et à mes regrets bien sincères.
GODEMER. »

« Ruiné! ruiné! s'écria Bénédict; c'est le dernier coup! Germain, je vais mourir! Ramène-moi vite, je me sens bien malade. »

VI

A MADAME ERNESTINE DE MONTAL.

« Madame, je vous écris pour la dernière fois. La vie m'abandonne; j'ai perdu votre affection, j'ai perdu ma fortune, le souffle s'arrête dans ma poitrine. Je ne sais quand Dieu voudra prendre mes jours; demain, dans un mois, aujourd'hui peut-être... J'attends... Vous êtes bonne et miséricordieuse ; vous m'accorderez ma dernière demande. Que je vous voie un instant, une minute, fussé-je à mon dernier soupir, j'aurai la force de me traîner à vos pieds. Adieu, madame. Votre amour, qui m'eût tué, me rendra la mort facile et douce. Adieu ! Ernestine, adieu ! Votre infortuné

« BÉNÉDICT. »

Il y avait trois mois environ que Mme de Montal avait reçu cette lettre, demeurée sans réponse, quand un soir d'automne, passant sur le boulevard, la jolie veuve dit à M. de Walter, qui lui donnait le bras.

« Comment nommez-vous ce jeune homme ? »

Et elle lui désignait de l'œil un gros garçon épanoui, qui, le cigare aux dents, le camélia à la boutonnière, étonnait les bourgeois par les éclats de sa voix et une mise d'une élégance prodigieusement accentuée.

« Vous ne le savez pas ? dit William avec une espèce de grimace qui pouvait passer pour un sourire.

— Non, ma foi !

— Cherchez bien.

— Il me semble l'avoir vu quelque part ; mais je ne puis me rappeler.

— Est-il possible, ma cousine, que vous ayez oublié votre adorateur poitrinaire, ce faible roseau qui m'a cassé le bras ?

— Bénédict ! s'écria Mme de Montal avec émotion. Oh ! comme il est changé !

— A son avantage, voulez-vous dire, continua William avec un accent plus sec. Ne contraignez pas votre pensée.

— Passons vite, dit Ernestine, je ne veux pas qu'il me voie.

— Il est engraissé, n'est-ce pas? il prend du ventre. »

Ernestine paraissait on. ne peut plus émue.

« Voilà cependant, ma cousine, comment finissent ces beaux ténébreux ; il devait mourir tous les matins, à l'entendre.

— Vous avez raison, monsieur William ; c'est un perfide.

— Nest-ce pas ? Un galant homme, un gentleman, tient tout ce qu'il promet, et quand il a dit : je mourrai ! il meurt, dût-il se brûler la cervelle.

— Dame ! c'est à peu près cela, ce suicide bizarre dont vous m'avez parlé.

— Autre mystification de ce mauvais plaisant ! Ruiné, à ce qu'il disait, car avec ces gens-là on ne sait jamais la vérité vraie, il se jetait à corps perdu dans toutes les folies, disant que ce serait pour lui une mort assurée, et que dix ou douze bonnes émotions bien conditionnées le tueraient. Eh bien ! voyez le guignon, ou plutôt l'impertinence de ce garçon-là, plus il faisait de fredaines et mieux il allait ; si bien qu'après trois mois d'une vie de pandour ou de chasseur d'Afrique, il est complétement rétabli. Il vivra cent ans ! Croyez après cela aux discours de ces Werther qui prennent du lait d'ânesse et font des sonnets à la lune ! Ah ! ma cousine, quel bonheur que vous soyez guérie de vos sympathies pour ce fat ! Mais qu'avez-vous ? Vous tremblez !

— J'ai la migraine, mon cousin ; ce bruit, ces lumières me fatiguent. Je vais rentrer.... Laissez-moi seule....

— A pied? loin de chez vous? Cela ne se peut pas.

— Eh bien ! faites approcher une voiture.

— Mais, ma cousine....

— Mais, mon cousin, je veux être seule ; vous m'entendez ?...

— Adieu donc !... — C'est égal, dit Walter en arpentant le boulevard, ce Bénédict a de belles couleurs ! »

Emportée par un coupé rapide, Mme de Montal ne put s'apercevoir qu'elle était suivie par une voiture qu'elle eût sans doute reconnue, et qui déposa Bénédict, en même temps qu'elle, à la porte de sa maison.

« Monsieur de Marenne, dit-elle d'une voix rieuse, comment vous portez-vous ? »

Puis, riant au milieu de son trouble :

« Vous pouvez venir, monsieur, vous traîner à mes pieds si vous en avez la force ; mais à la charge que vous mourrez !

— Eh ! madame, dit Bénédict d'un ton demi-railleur et demi-pénétré, c'est ce que Géronte dit à Scapin dans la pièce des *Fourberies*, mais il le lui dit plus tendrement.

— Vous osez parler de fourberies ! dit Ernestine avec un regard d'ange.

— Oui, madame, et Scapin finit par recevoir sa grâce sans condition ; et remarquez que j'étais de bonne foi dans mes ruses.

— Mais la lettre ?

— Était sincère, madame.

— Vous vouliez mourir sérieusement ?

— Et vous me laissiez faire... sérieusement ?...

— Je voulais voir si vous mourriez....

— Ah ! madame....

— Fallait-il hâter votre agonie ? Permettez, monsieur le désespéré, qu'on réfléchisse un peu. Qu'aurait dit le monde, si mon mari était mort d'émotion, la première nuit des noces ? »

Quinze jours après, on célébrait leur union à l'église de la Madeleine.

« Il était temps, dit Mme de Montal en me racontant l'histoire de son mariage ; si j'avais attendu, il eût trop engraissé. »

LE KHANDJIAR

LE KHANDJIAR.

I

Ce que vit le petit Fritz sur la route de la Résidence.

Il faisait beau temps et grand soleil; les alouettes chantaient dans les blés mûrs; pas un nuage n'altérait le bleu gris du ciel, et le petit Fritz jouait aux billes avec son camarade Claus, à l'ombre d'un châtaignier, sur le bord de la grande route.

Tout à coup un nuage de poussière qui s'éleva du côté de l'horizon rompit la perspective; le petit Fritz remit ses billes dans sa poche, enfonça son bonnet grec sur ses yeux éveillés, et courut tout d'une haleine jusqu'à la place du Marché. Il arriva tout essoufflé dans la salle basse de l'hôtel du Milan, se jeta dans les jambes du vénérable maître de ce lieu renommé et s'écria :

« Papa ! papa ! voilà une chaise de poste ! »

Maître Hans Sperling se leva brusquement et rajusta ses besicles d'une main tremblante d'émotion.

« Es-tu fou, petit drôle ? dit-il en fixant sur son fils un regard interrogateur, tout à la fois sévère et paternel.

— Non, reprit l'enfant avec volubilité ; tout là-bas, là-bas ! du côté de la Résidence. J'étais à jouer avec Claus. Elle vient par ici !

— Une chaise de poste qui vient à Klagenfeld ! murmura l'hôte en se tournant vers sa femme, comme pour lui demander ce qu'elle pensait de ce remarquable événement.

— Peut-être un étranger de distinction, quelque bonne aubaine sans doute ! dit Mme Sperling.

— Êtes-vous folle, Johanna ? fit l'hôte en secouant d'un air malicieux les cendres de sa pipe. Quels personnages distingués viennent d'ordinaire à Klagenfeld, sinon des fous ou des docteurs ! et pour moi c'est tout un !

— Mon Dieu ! Hans, supposez que cette voiture de poste ne contient personne qui soit digne de respect ; mais au nom du ciel ! guettez-la, et s'il y a quelques florins à gagner, ne les abandonnez pas à notre voisin du Cygne-d'Or, qui n'est déjà que trop disposé à nous couper l'herbe sous le pied.

— Quelle folie, reprit l'hôte. Je consens, pour entrer dans vos idées, Johanna, que des voyageurs d'importance soient sur le point d'arriver ici ; mais dans ce cas, et remarquez bien, Johanna, que ceci est toujours une hypothèse, ils viennent pour une affaire spéciale, comprenez bien ce mot ; ils savent qu'ils viennent à Klagenfeld ; donc ils ont dû nécessairement prendre des renseignements sur la ville ; on n'aura pas manqué de leur vanter l'hôtel du Milan et de leur dire que l'hôte du Cygne-d'Or est un fripon qui pille les voyageurs ; donc, à moins qu'ils ne soient fous, ils viendront tout droit ici ; par conséquent, il est inutile que je me dérange et que je m'aille griller au soleil. »

Ce disant, Hans Sperling s'assit majestueusement et bourra une nouvelle pipe.

« Monsieur Sperling, soupira Johanna, vous serez toujours un orgueilleux et un fainéant. Voilà comment vous avez ruiné notre maison ; et vous mourrez sans sou ni maille ; et puisque vous aimez mieux rester à la maison, comme un débauché que vous êtes, que d'aller au-devant des chalands, j'y vais, moi. Mais c'est une honte !

— Là ! là ! ne vous emportez pas, madame, dit un jeune homme attablé dans le fond de la salle basse ; vous n'avez que faire de quereller votre respectable mari ; l'étranger qui arrive ne descendra ni chez vous, ni chez l'hôte du Cygne-d'Or. Son gîte est tout préparé dans la maison du très-honorable M. Samuel Becker.

— Dans la maison des fous ! s'écria Mme Sperling. Est-ce donc un conseiller aulique, qu'on se donne la peine de l'amener en poste ?

— Non, madame Johanna ; c'est quelque chose de plus rare.

— Un professeur, peut-être ? hasarda maître Hans.

— Est-ce que les professeurs deviennent jamais fous ? répondit le jeune homme en souriant à demi.

— Comme tout le monde, monsieur Franz, comme tout le monde ; et vous en savez plus long que moi là-dessus.

— Que voulez-vous dire, maître Sperling ?

— Faites donc l'étonné, monsieur Frantz ; et vous aussi, monsieur Reichard, ajouta l'aubergiste ; est-ce qu'il n'y a pas à l'hospice de M. Becker quelqu'un qui, sans être renfermé, est plus fou à lui seul que tous les maniaques de la Souabe ?

— Je ne sais pas de qui vous voulez parler, dit sèchement Reichard.

— Allons donc ! au fond vous pensez comme moi, continua l'hôte en baissant le ton ; et entre nous, monsieur le docteur Trintzius est le fou le plus fieffé d'Allemagne, bien que son titre et sa place le préservent de recevoir des douches sur la tête. Il n'a pas deux idées qui se tiennent, et on ne l'appelle pas pour rien le docteur fou.

— Vous ne savez donc pas, maître Sperling, s'écria vivement Reichard, que le docteur Trintzius a guéri par sa science admirable des malades dont l'état ne laissait plus d'espoir ?

— On l'assure; mais j'explique cela par le vieil adage : le docteur te soigne et Dieu te guérit.

— Quel sceptique ! dit Franz.

— Mais, reprit l'hôte, dont la curiosité éveillée n'avait pas été satisfaite, je ne sais toujours pas quelle espèce d'homme vous attendez; et puisque ce n'est ni un conseiller aulique, ni un professeur....

— Et que dans tout l'univers, maître Sperling, vous ne voyez rien qui égale ces deux titres glorieux....

— Ma curiosité est aux abois et se recommande à votre charité.

— Eh bien ! maître Sperling, l'homme qui nous arrive de la Résidence, c'est.... »

Un grand mouvement qui se fit sur la place du Marché coupa la parole à Reichard. C'était un bourdonnement confus, comme celui des abeilles lorsque le repos de la ruche est troublé ; des groupes se formaient sur la place, des bourgeoises caquetaient, des bourgeois discutaient, des chiens hurlaient et des enfants couraient en poussant des cris joyeux.

Au milieu de ce tumulte, on distinguait un soprano suraigu, la voix du petit Fritz qui criait : « La voilà ! » et une basse ronflante, la chaise de poste qui arrivait.

Une chaise de poste n'était plus, en 1845, même en Allemagne, même en Souabe, un objet de très-haute curiosité ; les plus petites villes ont vu des chaises de poste passer comme le char de l'Olympe à travers un nuage ; il faut donc expliquer pourquoi tout Klagenfeld s'assemblait en rumeur à cause d'une chaise de poste venue par la grande route de Stuttgart.

Klagenfeld est situé sur le revers d'un amphithéâtre de charmantes collines vertes et bleues qui l'abritent contre les vents du nord. Klagenfeld est une jolie petite ville, petite, toute petite, propre, élégante, blanche et verte, avec de grandes rues bien alignées, pavées de grès porphyrisés, nets et luisants comme le plancher d'une salle à manger flamande. Le site est beau, l'air est pur ; on en a fait un hôpital ou plutôt une grande et magnifique maison de santé, que le roi de Würtemberg a dotée, et dont les savants médecins d'Allemagne ont conseillé le séjour à tout ce qu'il y a de riche, de noble, mais d'aliéné dans les quarante États de la Confédération.

A Klagenfeld il y a d'abord des fous, logés dans une sorte de palais que nous décrirons plus loin ; et puis des médecins, des étudiants, des taverniers, des aubergistes et des petits rentiers qui se souviennent d'avoir essayé dans leur jeunesse le bonnet de licencié.

Nulle route ne traverse les collines qui dominent et enserrent Klagenfeld ; on y vient pour guérir ou pour être guéri ; on le quitte mort ou guéri. Une chaise de poste sur la route de Klagenfeld, c'est donc un pensionnaire pour la maison de M. Becker, un client pour le docteur Trintzius, un élément de prospérité pour la ville, et un sujet tout trouvé de conversation et de commentaires pour les compères et les commères qui bavardent tant que le jour dure et tant que dure la lampe du soir.

Au moment où la chaise de poste déboucha sur la grande place de la ville, il n'y eut qu'un cri d'étonnement et de curiosité. L'intérieur de la voiture était occupé par trois hommes : l'un, dont on ne put entrevoir le visage singulier et horriblement pâle, était sans doute le fou qu'on attendait à la maison de M. Becker ; les deux autres portaient le tricorne galonné d'argent de la gendarmerie.

« Est-ce donc un prisonnier d'État ? dit l'hôte du Milan avec une vivacité qui sortait de ses habitudes.

— A peu près, maître Sperling ! dit Franz, en

suivant la chaise de poste d'un regard attristé. L'homme qui vient de passer, et que nous allons recevoir à la maison des fous, c'est l'assassin du notaire Freilich, c'est un condamné à mort!

— Un condamné à mort! répétèrent avec effroi les gens de Klagenfeld.

— Cet homme a tué le notaire Freilich pour lui soustraire un testament qui le frustrait d'une grande fortune, et il est devenu fou en entendant sa sentence de mort.

— Et qui l'envoie chez nous? demanda aigrement Mme Sperling. Klagenfeld va-t-il devenir un repaire de bandits?

— Voilà précisément le mystère, dame Johanna, dit Reichard. Personne, excepté M. Becker et le docteur Trintzius, ne peut dire pourquoi l'on nous donne à garder cet homme dangereux ; mais le roi lui-même a voulu qu'il en fût ainsi.

— Alors, reprit l'hôtesse, il ne sera point pendu comme il l'a si bien mérité?

— L'exécution, du moins, est suspendue jusqu'à nouvel ordre. »

Déjà l'étrange récit des deux frères circulait dans la foule, qui s'amassait compacte autour d'eux. Ils s'esquivaient prudemment pour se soustraire à un déluge d'interrogations, de sollicitations et d'interpellations de toute nature, lorsque maître Sperling tira Franz par la manche, et forçant l'étudiant à courber sa tête au niveau de sa bouche lippue, il lui dit tout bas, avec l'accent de la prière :

« Monsieur Franz, j'ai un désir sur la conscience ; mais je crains que vous ne me refusiez ce que je vais vous demander.

— Parlez, maître Sperling, vous ne voulez que des choses raisonnables.

— Monsieur Franz, reprit le maître ingénu de l'hôtel du Milan, je ne suis qu'un pauvre homme ; jamais je ne suis allé à la Résidence, ce qui fait que je n'ai jamais vu de condamné à mort, et puisqu'il y en a un dans le pays, dam ! je voudrais bien profiter de l'occasion. Ça ne se retrouvera peut-être jamais ! ajouta-t-il avec un soupir.

— Allons, dit Franz, on verra ce qu'on pourra faire pour vous ; mais je ne vous cache pas que c'est difficile. M. le docteur Trintzius tient à ses fous comme aux prunelles de sa femme Madeleine, une jolie femme, maître Sperling ! il ne laisse pas plus volontiers voir les uns que les autres ; et si je puis satisfaire votre curiosité, ce ne sera qu'en cachette et par fraude, entendez-vous, maître Sperling, Ainsi, point d'indiscrétion, ou.... point de condamné à mort....

— Êtes-vous fou, monsieur Franz ! Je serai muet comme la sonnerie de mon horloge ! s'écria naïvement le digne hôte.

— Adieu, maître Sperling ! dit Reichard ; vous

faites bavarder Franz, et l'on a besoin de nous là-bas.

— Bonsoir, mes jeunes messieurs ! dit Sperling; et n'oubliez pas votre promesse, monsieur Franz.

— Je la tiendrai, maître Sperling, et vous verrez votre condamné.

— Encore un mot, mon digne monsieur Franz. Voudrez-vous me permettre d'amener mon jeune gars ? Il a dix ans bientôt et va faire sa première communion ; il n'a jamais rien vu, le petit Fritz, et ce sera pour lui une bien grande récréation.

— Vous amènerez votre jeune gars, maître Sperling. Je vous souhaite le bonjour. »

Franz et Reichard s'arrachèrent enfin aux empressements de maître Sperling et se dirigèrent vers la maison des fous, pendant que les habitants de Klagenfeld se racontaient, en l'amplifiant, l'histoire de l'assassin, qu'ils mirent, pour le romantisme et la singularité, bien au-dessus de Schinderhannes et des brigands classiques de la vieille Allemagne.

II

Albert Trintzius.

L'hospice de Klagenfeld, construit à grands frais sur des plans suggérés aux architectes par les médecins les plus renommés, a l'aspect d'une belle villa et disparaît presque, malgré l'étendue des bâtiments, au milieu des ombrages d'un parc immense, ancienne propriété de la couronne ducale de Würtemberg.

Deux corps de logis, ou plutôt deux pavillons indépendants, situés au milieu des massifs, à droite et à gauche de la grille d'entrée, étaient réservés l'un au directeur de l'hospice, M. Samuel Becker, l'autre au médecin en chef, le docteur Albert Trintzius et à sa femme,

Plus loin, et en retour sur la partie du bâtiment affectée au logement des aliénés, s'élève une fabrique semi-lunaire de style monumental, qui reçoit le jour par un toit composé de châssis vitrés et mobiles ; c'est l'amphithéâtre, lieu lugubre et mystérieux, où le docteur Trintzius cherche jour et nuit à surprendre dans la mort le secret de la vie.

Le docteur Trintzius était pour beaucoup dans la prospérité de l'hospice de Klagenfeld, cité partout pour les cures merveilleuses qui s'y étaient opérées. Le vaste génie du docteur ne s'épouvantait d'aucune difficulté, et son expérience, basée sur une masse énorme de faits dont l'observation lui était personnelle, savait démêler d'un coup d'œil l'écheveau singulièrement embrouillé des pensées d'un fou allemand.

Malgré la longue pratique et la profondeur incroyable de ses études, Albert Trintzius n'était point un vieillard. A peine atteignait-il l'âge mûr à l'époque où commence cette véridique histoire, c'est-à-dire au mois d'août 1845 ; mais des chagrins cuisants avaient blanchi ses cheveux, ridé ses joues et dégarni ses tempes. Sa bouche pâle dessinait rarement un sourire amer, et dans ses travaux les plus ardus, à travers ses études les plus intéressantes et les plus passionnées, des esprits pénétrants eussent reconnu que le docteur Trintzius était mû par une sorte de curiosité fatale, et qu'il poursuivait, avec la persévérance d'un homme de génie ou d'un monomane, un but peut-être chimérique, qui s'éloignait toujours au moment où il pensait l'avoir atteint.

L'intelligence du docteur Trintzius allait-elle tomber dans l'abîme que côtoie toujours un médecin d'aliénés? Où est la limite exacte qui sépare la folie du sain exercice des facultés pensantes? Qui peut espérer de constater l'aliénation par des données purement physiologiques?

En voyant combien cette limite est faible, si tant est qu'elle existe, l'esprit s'effraye et vacille. Peut-être le docteur Trintzius, imbu des doctrines d'un idéalisme exalté, avait-il cherché le secret de la folie dans ces régions mystiques du monde spirituel où Swedeborg a édifié son Église nouvelle, sa céleste Jérusalem.

Plus ingénieux qu'attentif, plus savant que miséricordieux, plus philosophe que médecin, le docteur Trintzius voyait dans un aliéné, non un fou, mais la folie, et quand il l'avait étudiée, comprise, circonscrite, traitée et guérie, il délaissait le *sujet* redevenu homme et recevait d'assez mauvaise grâce les remercîments que lui adressaient les malheureux sauvés par sa science miraculeuse.

De quelle idée fixe était poursuivi ce prince de la

science ? Quelle chimère avait-il rêvée ? quel problème obsédait son cerveau ? C'est ce que dira la suite de ce récit. Mais les habitants de Klagenfeld l'appelaient le médecin fou.

Son regard clair et froid, ses propos souvent bizarres ou inintelligibles, la réserve de son accueil, inspiraient peu de sympathie.

Il avait apporté à l'hospice de Klagenfeld des procédés curatifs si singuliers, des méthodes si nouvelles et si hardies, que l'étonnement balançait l'admiration, et que les sceptiques se demandaient s'il n'avait pas plus de bonheur que de génie.

Les préjugés qu'à tort ou à raison Albert Trintzius avait soulevés autour de lui n'allaient pas cependant jusqu'à inspirer la répulsion, et d'ailleurs il offrait dans sa personne l'intérêt d'un livre curieux dont le dénoûment est encore inconnu ; et tout annonçait qu'en effet l'histoire de cet homme était quelque roman sinistre dont lui-même ignorait la fin.

Il lui échappait de dire à Reichard, son élève favori :

« Travaillons ! travaillons, Reichard ; et la lumière se fera ! j'ai besoin qu'elle se fasse ; je touche au but ; j'ai trouvé, je cherche encore. Ah ! vous verrez d'étranges choses, Reichard ! »

Il avait paru très-ému en voyant l'assassin du notaire Freilich ; et depuis l'arrivée de ce misérable, Trintzius avait redoublé d'ardeur pour le travail. Il passait chaque nuit enfermé seul dans l'amphithéâtre, et avait refusé nettement à Reichard la permission de l'assister.

Que faisait-il durant ces longues heures ? Nul n'aurait pu le dire ni même le deviner, car les cas de mort étaient rares à la maison de Klagenfeld, et Trintzius n'avait point de cadavre qu'il pût soumettre à son scalpel investigateur.

III

Deux stalles d'amphithéâtre.

« J'ai remarqué une chose bien extraordinaire ! dit après dîner Reichard à son frère Franz. C'est l'antipathie de notre nouveau fou pour le docteur Trintzius.

— Nous ne sommes guère d'accord dans nos observations, dit Franz. Le caractère de la folie de cet homme est une stupidité farouche qui le conduit à haïr tout le monde, à résister à toutes les injonctions comme à toutes les prières. Eh bien ! ce que ni les gardiens, ni toi, ni moi, ni M. Becker ne pourrions obtenir de lui, le docteur Trintzius l'obtient par un mot, par un geste.

— Il se meurt, dit Franz ; c'est un gaillard qui volera le bourreau.

— J'ai observé chez lui les premiers symptômes d'une hypertrophie du cœur.

— La santé du docteur Trintzius m'inquiète bien autrement que celle de ce scélérat! dit Reichard. Le docteur travaille trop assidûment, il se tuera ; ces nuits d'étude l'épuisent. »

Franz ne répondit pas et se mit à rire silencieusement. Il n'aimait pas Trintzius.

Reichard regarda son frère avec inquiétude.

« Crois-tu donc que notre maître s'enferme chaque nuit dans cette grand salle humide pour fumer et se divertir ?

— Le docteur Trintzius est un faux savant, dit Franz. Je ne sais ce qu'il fait dans l'amphithéâtre ; je crois tout bonnement qu'il y entre devant nous, et qu'il va se coucher dès que nous sommes bien clos dans nos chambres.

— Et cette lumière qu'on voit briller tous les soirs à travers les fentes de la porte ?

— M. Trintzius fait comme l'hôte de Milan, qui lorsqu'il est de garde à la porte de la Maison commune, met son mousqueton en arrêt devant la guérite et va se coucher sous le porche.

— Tu calomnies un homme de bien et un grand maître, c'est mal.

— Tu te laisses prendre à un grand étalage d'érudition et à des simagrées mystérieuses; c'est bête.

— Tiens, Franz, n'en dis pas davantage ; je me fâcherais. Ne vois-tu pas que tu m'affliges, frère ?

— Ce n'est pas ce que je veux, Reichard ; mais si tu as tort ou si je me trompe, c'est ce que nous pouvons vérifier par nos propres yeux.

— Comment ?

— En regardant ce soir ce qui se passera dans l'amphithéâtre.

— L'amphithéâtre a de bons murs et le toit est bien haut.

— Il y a sous le petit auvent à gauche une lucarne condamnée.

— Eh ! bien !

— J'ai forcé le châssis avec le manche de mon couteau : par là nous pourrons tout voir, aussi à l'aise que de bons bourgeois dans des fauteuils d'orchestre.

— Franz, je ne trahirai pas ainsi mon maître. S'il a des secrets, je veux les respecter.

— Il n'y a pas de secret ; nous ne verrons rien que sa lampe solitaire ; mais, du moins, tu sauras à quoi t'en tenir. Tu rabattras un peu de ton enthousiasme, ou je m'inclinerai devant le docteur Trintzius. Mais, en vérité, la curiosité me dévore. »

Reichard, dont la curiosité n'était pas moins ardente que celle de son frère, se laissa persuader, et, vers neuf heures du soir, les deux frères se glissèrent sous les érables qui avoisinaient l'amphithéâtre, et ils attendirent.

Bientôt Trintzius parut ; il tenait une lanterne sourde dans la main gauche, et, dans la droite, la clef de la petite porte. Il l'ouvrit et la referma soigneusement derrière lui.

Les deux frères approchèrent doucement, entrèrent sous le hangar, où stationnait un vieux fourchon abandonné ; Franz tira avec précaution le châssis de la lucarne, qui s'ouvrit en grinçant ; Il y colla son œil avec un empressement mêlé d'une certaine inquiétude.

Mais l'obscurité la plus complète régnait dans l'intérieur de la salle. Les étoiles jetaient à peine quelques pâles clartés à travers le vitrage d'en haut. Trintzius n'était plus là.

Franz fut frappé de stupeur, et conféra à voix basse avec Reichard, qui ne comprenait rien à cette disparition subite.

Dix minutes au moins s'écoulèrent.

Une faible lueur pénétra dans l'amphithéâtre et s'augmenta graduellement.

Trintzius parut à l'issue d'un long corridor qui communiquait avec l'aile gauche de la maison des fous.

Il conduisait par la main un homme vêtu d'une veste grise et d'un bonnet de laine. A ce visage pâle, égaré, maigre, osseux et encadré sinistrement par de larges favoris noirs, les deux frères reconnurent l'assassin de Freilich, le condamné à mort.

Il se laissait guider ou plutôt traîner par Trintzius, et ses lèvres minces s'entr'ouvraient faiblement comme pour murmurer quelque prière.

Trintzius alluma une grande lampe qui inonda de clartés brillantes les murs blanchis à la chaux; il alla prendre, derrière un rideau de serge verte, divers objets assez volumineux que Franz et Reichard ne purent distinguer tout d'abord. C'était comme une forme humaine, ni plus grosse ni plus grande qu'un enfant nouveau-né, un gros livre dont la reliure parcheminée attestait une antiquité vénérable, et enfin une arme recourbée, large et tranchante partout, que les Orientaux appellent khandjiar.

Albert ouvrit le livre à l'endroit indiqué par un signet rouge; il tira le khandjiar de sa gaîne de velours cramoisi et le mit à côté du livre, ensuite il prit dans ses bras la forme humaine, que les étudiants reconnurent alors pour une grande poupée de cire, et la coucha sur la table de dissection.

Le condamné fou paraissait agité et souffrant. Trintzius s'avança vers lui, le prit dans ses bras comme il avait pris la poupée, et le coucha à côté d'elle sur la table mortuaire.

L'homme voulut crier. Un geste de Trintzius le fit taire.

Le silence le plus absolu régnait à cette heure dans le parc ; le ciel était voilé par des nuages gris et bleu sombre, et les arbres se balançaient doucement, comme s'ils eussent voulu secouer le fardeau d'une chaleur écrasante.

Franz et Reichard prêtaient une grande attention à la scène étrange qui se passait sous leurs yeux, et ils n'échappaient ni l'un ni l'autre à une terreur secrète.

Trintzius, debout, les yeux fixés sur le livre, tenant la main droite étendue vers le condamné, lut à demi-voix le passage suivant, que sans doute il avait médité bien des fois :

« Le jeune nôme, l'adulte, l'impressionnable névropathique, le cataleptique, le somnoviligiste par maciation, jeûne excessif, lucimancie ou limoctonie précédant la mort, est doué d'une puissance occulte d'omniscience et de révélation par intuition et intussusception ; tantôt sous une influence galvanique, paracopique, trépidative, un parastrema idiosyncrasique, ou doué d'une force surhumaine puisée au réservoir commun ; soit que les doubles pôles de l'organisme étant intervertis, les centres ganglionaires absorbant ou sécrétant les nœuds électriques, déplacés, ou le grand sympathique absorbant les fluides encéphaliques, il y ait anamorphose, détournement dans une direction anomale, abolition de la sensibilité, de la locomotion, foudroiement, mort !

« Quel étrange langage ! dit Reichard.
— Quel gâchis ! » murmura Franz.

Le docteur, absorbé dans ses méditations, tenait toujours la main droite étendue, et le condamné avait cessé de se débattre sous cette puissance invincible qui le tenait immobile et haletant.

Les yeux, atteints d'abord d'un clignotement insupportable, s'appesantirent peu à peu, et il parut dormir, ou plutôt s'ensevelir dans un repos méditatif.

Trintzius avait quitté son attitude prophétique. Il promena lentement ses mains au-dessus du condamné, depuis le front jusqu'à l'extrémité des bras. La respiration de l'homme devint libre et régulière.

Satisfait alors, Trintzius prit son khandjiar nu, et, se plaçant devant la figure de cire, il la piqua trois fois à la place du cœur.

Trois cris sourds sortirent de la poitrine du condamné.

Reichard et Franz lui-même tressaillirent d'effroi.

« Mon maître tue ; j'ai tué ! » dit lentement Trintzius.

Il se mit à genoux, et pleura.

« Qu'est-ce que cela veut dire ? murmura Reichard.

— Frère, répondit Franz en entraînant Reichard à quelques pas de leur cachette, sais-tu pourquoi, en France, au seizième siècle, on mit à mort deux gentilshommes, La Mole et Coconas ? Sais-tu pourquoi, quelques années plus tard, dans le même pays, on brûla vive Éléonore Galigaï, femme de Concini, maréchal d'Ancre ?

« Ils étaient accusés d'*envoûtement*. On avait trouvé chez eux des figurines de cire percées au cœur avec un stylet d'or. Ces figurines étaient des images du roi Charles IX et du roi Louis XIII. Pareil crime avait été reproché au moyen âge à Enguerrand de Marigny, et l'on a dit que Marie de Médicis avait envoûté Henri IV.

— Franz, dit Reichard, crois-tu sérieusement à ces pratiques de magie ?

— Je n'ai pas foi dans ces superstitions, reprit Franz d'une voix ferme; mais le docteur Trintzius y croit, lui, et il prépare lentement un lâche assassinat. »

Reichard pencha la tête avec accablement.

« Non, le docteur Trintzius est un honnête homme! dit-il ensuite; il est incapable d'une mauvaise action; un crime lui ferait horreur.

— Tu es crédule et confiant, Reichard; mais il y a des mystères terribles dans la vie du docteur Trintzius; cet homme est un fou ou un meurtrier.

— Ni l'un ni l'autre, Franz, mon cœur me le dit.

— Ma raison parle parce que mes yeux ont vu.

— Et que prétends-tu faire?

— Je ne sais; mais pouvons-nous nous taire et de ne pas révéler à M. Becker la scène dont nous sommes les témoins?

— Tu céderas à des préventions injustes!

— Non; je ferai ce que mon devoir me prescrit.

— Frère, dit Reichard avec un accent profond, tu te souviens trop que M. Trintzius est l'époux de Madeleine!

— Tais-toi, frère, tais-toi! » s'écria Franz en ramenant son frère vers la cachette.

Le docteur était toujours à genoux et cachait sa tête dans ses mains; le condamné dormait d'un sommeil inégal, entrecoupé par des spasmes convulsifs.

« Albert! Albert! » dit une voix qui fit tressaillir Franz, mais que Trintzius n'entendit pas.

« Albert! Albert! » dit encore cette voix.

Trintzius se releva, passa sa main sur son front comme pour écarter un songe pénible. Il jeta un coup d'œil sur le condamné, toujours étendu sur la table mortuaire, puis il entr'ouvrit la porte.

Les deux frères virent apparaître la tête blonde et mélancolique de Madeleine Trintzius.

« Me voici, Madeleine, dit Albert; pourquoi t'inquiéter ainsi?

— Albert, il est si tard!

— Ne sais-tu pas, Madeleine, que les temps sont proches? Dans six jours il y aura onze ans! onze ans, entends-tu bien, Madeleine? et je n'ai pas encore accompli ma tâche! »

Le docteur barrait toujours l'entrée de la salle à Madeleine.

« Viens, Albert! dit-elle, en attirant jusqu'à ses lèvres le front de son mari.

— Un instant, Madeleine; va m'attendre chez nous; je ne tarderai pas!

— Tu me laisses rentrer seule?

— Je ne puis abandonner maintenant l'expérience que j'ai commencée. Elle sera décisive. Madeleine, Madeleine, je tiens la clef du grand problème, et à l'époque précise tout sera terminé! »

La figure de Madeleine prit une expression douloureuse qui frappa les deux étudiants.

« Je te laisse, Albert, dit-elle; mais n'oublie pas que je t'attends et que je veille. »

La porte se referma, et le bruit des pas légers de Madeleine se perdit dans le murmure des feuilles et dans l'haleine de la nuit.

Trintzius, calme et tranquille, posa sa main souveraine sur le front du condamné, qui ouvrit les yeux, se leva et suivit le docteur dans l'étroit corridor qui menait aux cellules.

« Ne me faites pas de mal, monsieur! dit cet homme d'une voix soumise et presque enfantine;

et si vous voulez, je vous raconterai pourquoi j'ai tué....

— Marchez! marchez! dit rudement Trintzius en refermant derrière lui la porte du corridor, je ne vous demande rien. Allez attendre en paix l'heure de l'expiation; car, en vérité, je vous le dis, ceux qui ont tué seront tués. »

Franz et Reichard n'en purent entendre davantage.

IV

Confidences.

Trois jours s'étaient écoulés, et Franz avait soumis le docteur Trintzius à une sorte de surveillance occulte ; mais il n'avait rien découvert qui se rattachât à l'étrange scène dont il avait été témoin, et qui se renouvelait tous les soirs, comme il lui fut facile de s'en assurer.

Chaque soir, Trintzius piquait trois fois l'image au cœur et répétait ces paroles énigmatiques :

« Mon maître tue, j'ai tué ! »

L'assassin de Freilich dépérissait avec une effrayante rapidité. Un cercle plombé entourait ses yeux hagards; ses pommettes osseuses perçaient l'épiderme, et sa bouche rejetait souvent une écume sanglante.

Cet homme allait mourir.

Franz tint alors conseil lui-même. En refusant toute efficacité aux pratiques renouvelées d'un autre temps auxquelles Trintzius soumettait le malheureux aliéné, il ne pouvait se dissimuler que le froid de la nuit et de la table de marbre, et surtout la profonde terreur qui avait envahi tous les instincts du condamné, étaient suffisants pour expliquer l'affaiblissement mortel de son organisme.

Qu'est-ce au fond que Trintzius?

Un fou, comme le disait la rumeur populaire?

Ou un misérable assassin?

Franz résolut de s'ouvrir à M. Becker et de lui confier ce secret. Il lui sembla que c'était le seul moyen d'assurer le repos de sa conscience, et il se rendit sans retard chez l'honorable directeur de la maison des fous.

Aux premiers mots de Franz, M. Becker devint grave et soucieux. Il ferma soigneusement la porte de son cabinet et vint se rasseoir dans son grand fauteuil, qu'il rapprocha de la chaise de Franz.

« Qu'avez-vous vu? que savez-vous? » dit-il.

Franz lui raconta ce qui se passait chaque nuit dans l'amphithéâtre.

« Je savais tout ce que vous venez de me dire,

s'écria M. Becker; mais vous êtes coupable, très-coupable, monsieur, d'avoir épié votre supérieur et surpris des faits que l'on voulait tenir cachés. »

Franz était stupéfait.

« Voyez dans quelle situation pénible vous me placez, monsieur Franz ! reprit ensuite M. Becker d'un ton plus doux. Après une indiscrétion pareille, puis-je même, sans ridicule, réclamer de vous un profond silence sur cette affaire ? Et cependant, il faut qu'elle reste entre nous, il le faut.

— Monsieur, dit Franz, je jure de réparer ma faute et de vous obéir en tout !

— Au fait, reprit M. Becker, comme s'il se parlait à lui-même, c'était inévitable : un secret trop bien gardé et un flacon trop bien bouché finissent par briser le vase. »

M. Becker sonna.

Un domestique parut.

« Faites venir M. Reichard. Je veux, dit ensuite le directeur à Franz, que votre frère entende le récit que je vais faire. Je l'estime autant que je vous aimais, monsieur Franz ; et puisque le hasard et votre curiosité regrettable vous ont mis sur la trace d'événements restés secrets jusque aujourd'hui, je veux que du moins vous sachiez ce qu'est le docteur Trintzius. Peut-être, après ce récit, comprendrez-vous mieux l'importance de mes recommandations. »

A ce moment, le domestique introduisit Reichard,

à qui M. Becker désigna du doigt un siége, et le directeur reprit en ces termes :

« Quelque bizarre que puisse vous paraître mon récit, tenez-le pour exactement vrai dans ses moindres détails ; je n'explique pas, je raconte, et je ne sais que ce que je vais vous dire. Ainsi donc ne m'interrompez pas. »

V

Furnished apartments.

Voici quel fut le récit de M. Samuel Becker :

Au commencement de l'automne de 1833, un officier général de l'armée de Méhémet-Ali, nommé Baretscha-Pacha, Français de naissance, quitta l'Égypte et vint se fixer en France, à la suite d'événements mystérieux, qu'il n'a jamais été possible d'approfondir. On parla beaucoup d'une rixe entre Baretscha et l'un des parents du vice-roi, d'un assassinat compliqué de circonstances bizarres. Mais le plus clair de tout cela, c'est que Méhémet ne mit aucun obstacle au départ de son meilleur officier d'artillerie, et que ce départ ressemblait à un exil.

Baretscha-Pacha, dont le vrai nom était Jacques Fébé, emportait pour toute fortune une poignée de diamants et de pierreries, dont il comptait se défaire à mesure des dépenses nécessitées par son établissement à Paris. Les Orientaux n'agissent guère autrement. Bien que ce trésor en nature représentât une somme considérable, Baretscha ne se créa point de maison à lui. Il vint loger rue du Colysée, entre les Champs-Élysées et le faubourg Saint-Honoré, dans une maison meublée tenue par une vieille dame appelée Mme Gluais. Dans cette maison décente et retirée, l'Égyptien trouva de la tranquillité, du bien-être et des soins assidus.

Il vivait seul et fort triste, mangeant, fumant, dormant, sans jamais intervertir l'ordre régulier de ces trois occupations essentielles qui se partagèrent sa vie. Ses bonnes grosses joues, rouges et pendantes, son œil bleu toujours placide et ses grandes moustaches couronnant une bouche souriante et lippue, attirèrent invinciblement Mme Gluais vers ce vieillard, doux comme un enfant et rangé comme une vieille fille. Mais ses essais de familiarité échouèrent contre la dignité polie et la réserve inattaquable de Baretscha. Mme Gluais finit par ne lui accorder que l'attention vulgaire qu'obtiennent dans les grandes villes les étrangers riches et généreux.

Pourtant, quand Baretscha rencontrait sur son passage Madeleine Gluais, la jolie fille de son hôtesse, il se permettait de lui donner une petite tape sur la joue, en la complimentant sur sa fraîcheur et sa gentillesse.

Le vieil officier était sobre, et ne buvait guère qu'un verre de vin par jour. Mme Gluais, qui s'était chargée de fournir les repas qu'il prenait dans sa chambre, s'étonnait chaque jour du peu d'appétit de son pensionnaire :

« Je ne sais pas de quoi vit cet homme-là ! disait-elle. Il ne mange pas. C'est égal, il se porte bien tout de même, car il engraisse fièrement. »

Le pauvre Baretscha succombait à son embonpoint. Sa figure se bouffissait et se marbrait de teintes livides ; son ventre prenait un développement anomal, tandis que ses jambes, restées grêles, menaçaient de céder sous le poids. Ce grand et gros homme, en qui Mme Gluais voyait complaisamment une image de la force et de la santé, succombait lentement à un chagrin caché, à un remords peut-être. Le sang refroidi coulait péniblement dans ses veines, et l'alanguissement du cerveau amenait une atonie générale, présage d'un affaissement mortel.

Le premier qui s'aperçut de ces symptômes de décadence chez Baretscha fut un jeune médecin nommé Albert Trintzius, qui était venu loger chez

Mme Gluais, à cause de la proximité de la rue du Colysée avec l'hôpital Beaujon, où il suivait assidûment la clinique du célèbre docteur Maugis, l'un des adeptes secrets de Swedenborg et un des premiers fondateurs de la Nouvelle-Jérusalem.

Albert occupait la chambre contiguë au petit appartement de l'Égyptien, et la nuit, tout en rassemblant les notes d'un grand ouvrage qu'il méditait sur l'aliénation mentale, il avait entendu les sourds gémissements de son taciturne voisin. Plus d'une fois il avait collé son oreille aux fentes de la cloison; mais il n'avait recueilli que des mots entrecoupés et des plaintes vagues qui décelaient moins des souffrances physiques que les déchirements d'une âme tourmentée.

Cependant le changement survenu lentement dans la constitution de Baretscha devint tout d'un coup si visible, et la tuméfaction morbide de tout le corps fit des progrès si rapides, qu'Albert fit part de ses remarques à Mme Gluais.

« Bah! bah! laissez donc, dit Mme Gluais. Il se porte comme vous et moi. Il nous enterra tous, votre Turc! »

C'est ainsi qu'elle appelait Baretscha.

« D'ailleurs, ajouta-t-elle, s'il était malade, il se plaindrait. »

Albert hocha la tête.

« C'est égal, dit-il, je suis sûr qu'avant peu de jours

une crise terrible surviendra chez cet homme. Aussitôt mon service fini, je reviendrai. »

Les paroles d'Albert et son air convaincu émurent un peu Mme Gluais. Elle avait la plus grande confiance dans son jeune locataire, dont elle avait à plusieurs reprises reçu d'utiles secours, et que, d'ailleurs, elle estimait assez pour des raisons tout à fait étrangères à l'art de la médecine.

Albert Trintzius, né en Champagne d'un Prussien naturalisé et d'une Française, n'avait reçu de l'héritage paternel qu'une très-modique rente, tout au plus suffisante pour lui permettre de continuer ses études. Mais il était l'unique héritier de la sœur de son père, une demoiselle Trintzius, qui vivait monastiquement à Augsbourg, et économisait la moitié de ses revenus pour accroître la part de son cher neveu. Albert lui rendait visite chaque année, à l'époque des vacances. Cette singulière personne venait d'entrer dans sa soixante-dix-huitième année, ce qui légitimait les espérances conçues par Mme Gluais. La digne femme pensait qu'Albert serait un fort joli parti pour sa fille Madeleine, et ne négligeait rien pour fomenter une belle et bonne passion entre ces jeunes gens. Elle avait facilement réussi. Les mœurs tranquilles d'Albert, sa conversation animée, la variété, l'abondance de ses idées, puis enfin cette belle figure, involontairement mélancolique, ses grands cheveux blonds, sa main fine et blanche et sa taille dégagée avaient puissamment agi sur Madeleine.

De son côté, Albert n'était pas resté insensible aux grâces naïves de Mlle Gluais, en qui il avait cru deviner une de ces natures exquises, prêtes à tous les dévouements.

Mme Gluais ne se gênait donc nullement pour traiter Albert comme son gendre futur, et elle lui reconnaissait une véritable autorité.

Les fâcheux pronostics d'Albert lui trottèrent dans la tête pendant toute la matinée, et la mirent de fort mauvaise humeur. Elle craignit de perdre un excellent locataire qui, tant pour son logement que pour sa nourriture, dépensait chez elle mille à douze cents francs par mois.

« En supposant qu'il en revienne, pensait-elle, ce n'est déjà pas si agréable d'avoir des malades dans la maison! »

Aussi fut-elle très-satisfaite lorsqu'elle entendit Baretscha sonner pour son déjeuner, et qu'elle eût acquis la certitude qu'il avait mangé comme à son ordinaire, très-peu à la vérité. Cet apparent bien-être dura encore huit jours, et Mme Gluais se rassura complétement.

Mais un matin, on était alors au milieu de l'été de 1834, Baretscha ne sonna pas pour demander son plat de riz et son café brûlant. On fit peu d'attention à cet incident, mais comme l'heure du dîner s'écoula sans qu'il eût donné signe de vie, Mme Gluais, inquiète, s'enhardit jusqu'à frapper à la porte du Turc.

« Entrez! » dit-il d'une voix faible.

Mme Gluais, en pénétrant dans l'appartement, vit l'Égyptien couché sur le lit; il n'avait pas eu la force de quitter ses vêtements. Son visage avait subi une décomposition si complète, que Mme Gluais ne put retenir un cri.

« Êtes-vous malade? mon cher monsieur, dit-elle.

— Oui, ma bonne madame Gluais; mais ce ne sera rien! murmura Baretscha.

— Oh! mon Dieu! et vous ne dites rien! vous n'appelez pas!

— C'est inutile, ce sera bientôt fini! reprit l'Égyptien avec un sourire mélancolique. A quoi bon vous affliger du spectacle de mes douleurs?

— Mais vous avez perdu la tête! Croyez-vous donc qu'on va vous laisser mourir comme un chien? »

Et sans consulter Baretscha, elle alla chercher Albert, qui accourut avec sa trousse.

Albert vit d'un coup d'œil que le vieux général était perdu sans ressources. Son embonpoint factice avait complétement disparu; les membres étaient flasques, mous et sans chaleur. La circulation devenait à chaque instant plus difficile, les yeux étaient éteints et la langue semblait presque paralysée.

Albert tenta une saignée qui échoua ; le sang ne vint que par gouttelettes noires et boueuses. Les convulsions commencèrent. Albert parvint cependant à faire avouer à son malade qu'il se trouvait dans cet état depuis le commencement de la nuit dernière. Le sombre fatalisme avec lequel Baretscha avait vu venir sa dernière heure frappa le jeune médecin. Il devina, sous ce masque de résignation un désir accompli, mais il ne put obtenir aucun éclaircissement.

L'application de synapismes violents ranima pour quelques heures le système nerveux, et Baretscha voyant Albert, Mme Gluais et Madeleine empressés autour de son lit, se fit apporter une cassette en bois de santal, qu'il avait placée dans un vieux secrétaire d'acajou.

« Ma bonne dame, dit-il, il y a là dedans quelques joyaux de prix. Permettez-moi de les offrir à Mlle Madeleine. Ce sera sa dot. »

Madeleine fondit en larmes, et Mme Gluais raffermit ses besicles sur son nez.

« Acceptez sans rien dire, reprit le moribond. Ne me remerciez pas. Si vous croyez me devoir quelque reconnaissance pour un si mince bienfait, attendez que je sois mort, et vous direz des prières pour moi, j'en ai besoin. Quant à vous, monsieur, continua-t-il en s'adressant à Albert, recevez ce gage de ma gratitude. »

L'Égyptien prit sous son oreiller un objet qu'il tendit au jeune médecin.

C'était un khandjiar magnifique, à lame damasquinée, affilée comme la langue d'une vipère et ne se dérobant qu'à demi sous son fourreau de velours rouge maintenu par des garnitures d'argent ciselé.

« Cette arme est précieuse! reprit Baretscha. Elle me fut donnée par Sélim-Pacha, le cousin de Mehemet. La pierre qui le surmonte est un saphir de la plus belle eau. Prenez, monsieur, je.... »

Baretscha s'interrompit en voyant briller la lame qui sortait de sa gaîne.

« La lame! s'écria-t-il. Cachez la lame, son éclat me fait mal! »

Il retomba sans mouvement sur l'oreiller.

« Madame Gluais, dit Albert tout bas à son hôtesse, emmenez Madeleine. L'agonie de cet homme va commencer, elle sera terrible; votre présence est d'ailleurs inutile.... Il est perdu. »

Mme Gluais avait pris le khandjiar des mains d'Albert, et en supputait mentalement la valeur.

« Est-ce que je ne ferais pas bien d'aller à Saint-Philippe chercher monsieur le curé? dit-elle. Ah! que je suis bête! puisqu'il est Turc. Viens, Madeleine. Je vais accrocher ça dans votre chambre, monsieur Albert, Dieu! le beau sabre! »

Mme Gluais sortit en marmottant :

« Le pauvre homme! qu'est-ce qui m'aurait dit

qu'il allait mourir comme ça ! Un homme si bien bâti ! une tour, quoi ! »

La prévision d'Albert ne tarda pas à se vérifier. Baretscha, naguère plongé dans une torpeur profonde, ne respirant plus, n'entendant plus, ne voyant rien, fit tout à coup un bond prodigieux, se dressa sur son séant ; et l'œil fixe, les ailes du nez dilatées, la bouche crispée et écumante, sembla fasciné par quelque spectre visible pour lui seul dans les plaines de l'air. Son front pâle se courbait sous le poids d'une terreur profonde; les poils de sa moustache se hérissèrent. Son corps était agité de tremblements convulsifs ; des gouttes de sueur ruisselaient sur ses joues pendantes. Il voulait parler, mais le son s'arrêtait au passage ; il remuait la mâchoire à la façon des automates, et ses dents rendaient un bruit sec et affreux en se heurtant quand il refermait la bouche.

Enfin, haletant, blême, épuisé, il fit un suprême effort, joignit ses mains tremblantes et s'écria d'une voix gutturale :

« Grâce ! grâce ! pardon ! Aïsha ! Aïsha ! »

Ce furent ses dernières paroles. Il retomba tout d'une pièce avec tant de roideur, que la couchette d'acajou craqua dans toutes les jointures. Le râle survint et ne cessa qu'avec la vie.

Albert, posté au chevet de Baretscha, avait suivi attentivement toutes les phases de cette crise suprême : il avait contemplé dans un avide recueillement toutes les contractions de cette face bouleversée. Il était lui-même pâle et ému, comme s'il eût connu ou deviné les détails du drame mystérieux dont il venait de voir le dénoûment.

Cependant, lorsque la mort eut terminé les souffrances de Baretscha, Albert descendit chez Mme Gluais, et lui donna les détails de ce triste événement.

Madeleine ne put s'empêcher de remarquer le trouble et le malaise d'Albert.

« Ah bien ! mon cher ami, vous êtes trop femmelette ! dit Mme Gluais en préparant un verre d'eau sucrée pour l'étudiant. Il ne faudra pas vous trouver mal comme ça quand vous serez médecin. Vous seriez à la fin bien plus malade que vos pratiques. J'ai connu M. Dubois; en voilà un qui avait le cœur dur ! Il vous aurait coupé les bras et les jambes sans que son cœur battît d'une seconde plus vite ! Voyez donc moi, où j'en serais si j'étais aussi sensible ! Certainement, ça me fait bien de la peine qu'il soit mort, ce brave M. Baretscha, c'était un homme bien honnête, bien tranquille, rangé comme une vieille fille, et qui payait rubis sur l'ongle. Que voulez-vous, nous sommes tous mortels ! »

Pendant que Mme Gluais se livrait à cet intarissable bavardage, qui, chez les vieilles gens, est une rêverie à haute voix, Albert, un peu ranimé, regardait tendrement Madeleine, dont la joue un peu pâle et l'œil plus vif témoignaient du doux intérêt qu'elle portait à l'étudiant. Lui souriant, elle tremblante, ne se quittaient pas des yeux, sentaient leurs jeunes cœurs se briser dans un élan délicieux.

L'aigre bruit de la pendule, qui sonna midi, arracha un soupir à Albert, et rompit sa muette extase.

« Il faut que je parte, dit-il ; on m'attend à Beaujon.

— Mais vous êtes souffrant, dit Madeleine.

— Mme Gluais vient de le dire, je suis trop femmelette ; cela ne vaut rien. L'air me remettra.

— Vous allez encore vous fatiguer ; votre service est si pénible ! N'allez pas tomber malade, au moins, reprit Madeleine en fronçant sa jolie bouche. Après le malheur qui vient d'arriver dans la maison, je mourrais d'inquiétude. »

Albert donna encore quelques minutes à ces propos d'amoureux, qui prennent si peu de paroles et tiennent tant de place dans le cœur ; puis il serra furtivement la main de Madeleine et partit.

VI

L'arme maudite.

Dans la cour de l'hôpital, Albert rencontra Louis Maunier, l'un des internes, un garçon maigre, noir, sérieux, savant obscur qui avait absorbé dans sa vaste mémoire toutes les langues mortes et vivantes, sondé toutes les bibliothèques et lu tous les livres imprimés, depuis la Bible de Gutenberg jusqu'à la dernière édition des Contes de Dickens, un de ces prodiges de patience et d'érudition, qui consacrent leur vie à s'armer de tous les instruments de la pensée humaine, et meurent au moment de poser la première pierre du monument qu'ils ont rêvé.

Albert lui raconta la mort du vieux général, non sans beaucoup insister sur les singuliers détails de son agonie ; et, la nuit venue, il emmena Louis souper avec lui chez Mme Gluais.

Malgré tout ce qu'un pareil sujet avait de pénible, on s'entretint pendant le repas du pauvre Baretscha, et Mme Gluais insista beaucoup sur la générosité du vieux Turc, qui laissait à Madeleine pour quinze ou vingt mille francs de pierreries ou de bijoux.

Albert était préoccupé, distrait. Il lui restait de son indisposition matinale une sorte d'engourdissement, qui frappait particulièrement sur son cerveau et le rendait taciturne.

« Couche-toi, dit Louis ; une bonne nuit te remettra. »

En entrant dans la chambre de l'étudiant, Maunier fut ébloui par la quantité de feux que jetait aux clartés de la bougie le manche du khandjiar.

« Un saphir de la plus belle eau ! dit-il, et des perles, de vraies perles fines ! C'est un cadeau princier. »

Après s'être extasié sur la richesse de cette arme précieuse, Maunier la fit sortir de son fourreau, et loua en connaisseur la trempe de la lame et sa finesse.

« Tiens ! dit-il, une inscription ! Approche donc la bougie. »

Albert se pencha avec une curiosité inquiète.

C'est du pur chaldéen ! dit Maunier.

— Peux-tu la déchiffrer?

— Je tâcherai. Attends un peu. »

Maunier frotta la lame avec le revers de sa manche pour dégager les caractères de la poussière qui les obscurcissait, et il lut difficilement, faisant une pause après chaque mot :

>Je suis l'instrument des vengeances
>Et le serviteur de Dieu.
>Mon maître tue.
>Ma lame tue.
>Mon souhait tue,
>Je suis le ministre de mort.
>Mon maître tue.

« Voilà une singulière légende!

— Mon cher, c'est de l'histoire. Ce poignard a dû appartenir au Vieux de la Montagne, au cheik des Assassins. C'est un monument historique fort curieux, auquel se rattache une tradition empreinte de tout le fatalisme oriental. Quiconque possède ce khandjiar doit tuer : c'est écrit. »

Albert pâlit visiblement.

« Donne-le-moi, dit-il.

— Qu'en veux-tu faire?

— Jeter par la fenêtre cette arme maudite.

— Pas de bêtise; elle vaut dix mille francs.

— Dix mille francs ne valent pas le sang que je pourrais répandre! s'écria Albert avec un emportement singulier.

— Diable ? tu prends ma légende au sérieux ! dit Louis, que l'exaltation d'Albert inquiéta. Je suis fâché de te l'avoir racontée. Tu es trop impressionnable, Albert, ajouta-t-il en prenant la main de son ami. Ton pouls est agité, presque fiévreux.

— Je ne me sens pas bien ; j'ai des tressaillements nerveux, des douleurs dans la tête, des vertiges.

— Il faut te mettre au lit. Tu as fait un service de cheval depuis huit jours. Repose-toi et dors bien. Fais la grasse matinée ; demain soir tu te porteras à merveille. »

Louis remit le khandjiar dans sa gaîne et l'accrocha, en manière de trophée, dans l'alcôve d'Albert entre les deux rideaux du lit.

Albert se coucha, mais il ne put dormir : les événements de la journée apparaissaient à son esprit avec une couleur étrange et le remplissaient d'une vague terreur. On eût dit qu'une menace pesait sur sa tête.

Tout à coup l'idée lui vint qu'une mince cloison le séparait seule de la chambre mortuaire, et cette préoccupation était si forte qu'il lui semblait voir à travers le mur le vieux général étendu sur son lit ; c'était bien lui, son visage livide et marbré comme si la décomposition eût commencé déjà, ses yeux ternes et inanimés dans l'orbite creusé, sa bouche violette et pendante.

Par un phénomène terrible, ses yeux s'animèrent et roulèrent convulsivement, ses lèvres se rapprochèrent et firent entendre un vague murmure semblable au dernier glouglou d'une bouteille qui se vide. Les poils gris de la moustache se hérissèrent, en même temps que les cheveux d'Albert se dressaient d'épouvante.

Il s'élança de sa couchette, ralluma sa bougie, et chercha à reprendre ses sens.

Particulièrement porté, par la nature de ses études, à tenir compte des moindres phénomènes des sensations intellectuelles et physiques, toujours à la recherche du sublime problème des communications hyperphysiques de l'homme avec le monde spirituel, Albert accordait une grande importance aux pressentiments, aux songes, à tout ce qui chez l'homme semble prouver l'existence particulière et extrinsèque d'un principe de vie indépendante de l'enveloppe corporelle.

Il raffermit son courage, se recueillit, et se demanda s'il devait ajouter foi à ce qu'il venait d'entrevoir dans une sorte d'hallucination. Peut-être la vie n'avait-elle pas encore abandonné Baretscha, peut-être avait-il accueilli avec trop de précipitation les indices habituels de la mort, peut-être des secours pouvaient-ils arriver à temps.

Le froid courage du médecin reprit tout son empire sur Albert. Ses idées se firent nettes et saines; il prit sa bougie et se dirigea d'un pas ferme vers la chambre de Baretscha.

Tout dormait dans la maison. Le silence n'était troublé que par le bruit lointain des voitures qui traversaient les Champs-Élysées.

Albert tressaillit en touchant la clef laissée sur la porte de la chambre funèbre; mais il entra.

La lune, brillante et pure, jetait librement, par la fenêtre ouverte, sa pâle lumière qui tombait d'aplomb sur le lit. Les plis d'un ample suaire indiquaient seuls la présence d'un cadavre. Albert constata d'un coup d'œil que pas un pli n'était dérangé; les bras roidis étaient restés allongés dans la longueur du corps, qui gardait tout entier sa rectitude funèbre.

Albert se retira sur la pointe des pieds, et regagna sa couche. Tant de pénibles agitations l'avaient brisé; il s'endormit d'un sommeil profond, mais lourd, anxieux et terrible comme l'avant-coureur de la mort. Sa respiration devint dure, oppressée, haletante; il eut le cauchemar. Cet état fit place à une torpeur molle; il se sentit balancé, puis enlevé de son lit et lancé horizontalement dans l'espace, qu'il parcourut avec la rapidité d'une flèche. La plaine aérienne qu'il traversait ainsi était composée de nuées grisâtres, et de sa main droite étendue en avant sortait une petite flamme bleue semblable à une étoile de moyenne grandeur. Il ressentait les terribles angoisses du malheureux qui se sent précipité d'un faîte. Plus il allait, plus la course était rapide, et l'étoile grandissait en s'allongeant comme un feu follet. Albert se sentit planer et descendre en tournoyant avec la rapidité de l'aigle qui fond sur sa proie.

L'étoile grandit encore et se tordit comme un serpent de feu. A la lueur terrible qu'elle jetait et qui éclaira les nuées, Albert vit qu'il était au-dessus d'une grande ville toute hérissée de grands clochers et de toits aigus.

Albert se posa sur un de ces toits, qui glissa comme une trappe, et il se trouva, un poignard à la main, dans une grande chambre meublée avec une simplicité monastique. Un grand lit fort exhaussé, à la mode ancienne, occupait un angle et se dissimulait sous de blancs rideaux de percale dont les plis recélaient un Christ d'ivoire surmonté d'une branche de buis bénit.

A la lueur de son poignard, Albert vit une tête maigre et ridée, coiffée d'un serre-tête noir sous un bonnet blanc à grandes ruches de dentelles. Il reconnut sa bonne vieille tante qui souriait en dormant.

Il leva son arme et frappa droit au cœur. La vieille dame expira sans pousser un soupir.

« Mon maître tue ! » dit une voix aiguë.

A l'instant même, et comme si la terre eût ouvert

tous ses abîmes, Albert se sentit précipité dans un gouffre flamboyant, mais non pas sans fond, car il rencontra bientôt une dalle de marbre sur laquelle il se brisa le crâne.

La commotion le réveilla.

VII

Les suites d'un rêve.

Il était par terre, au milieu de sa chambre, le front meurtri, les épaules baignées de sueur, les tempes gonflées par la fièvre. Il tenait à la main son khandjiar nu.... Il le rejeta avec terreur, poussa un grand cri et appela au secours....

Deux hommes entrèrent, vêtus de drap noir, avec des figures rouges et des cravates blanches assorties. C'étaient deux des croque-morts qui venaient chercher le corps de Baretscha.

Ils se regardèrent en clignant de l'œil comme pour dire :

« Est-ce que nous allons aussi emporter celui-là ? »

Albert surprit cet affreux regard et se tordit sur le carreau.

Les deux hommes firent une grimace. Albert était encore trop vivant pour qu'ils y prissent beaucoup d'intérêt. Néanmoins, ils s'avancèrent et firent mine de le relever. Le jeune homme se débattit pour échapper de leurs mains, et il perdit connaissance dans les bras de Mme Gluais, qui entrait suivie de Madeleine.

Cette crise fut salutaire, et le lendemain Albert, pâle encore et faible, put retourner à Beaujon. Mais il n'avait pas perdu le souvenir de son terrible rêve, et des préoccupations sinistres ne cessaient de l'assiéger.

Quatre jours s'étaient écoulés ; Albert mieux portant, descendait de chez lui vers huit heures du matin, et allait accrocher sa clef dans un petit parloir de Mme Gluais au moment où le facteur de la poste remettait à Madeleine une lettre à l'adresse de M. Albert Trintzius. Cette lettre était envoyée d'Augsbourg et cachetée de cire noire. Madeleine la tint longtemps à la main sans pouvoir se décider à la donner à Albert. Elle sentait que cette lettre présageait un malheur. Ses yeux allaient sans cesse du cachet noir aux yeux d'Albert, où elle trouvait tout le deuil que semblait annoncer cette lettre. Enfin elle la lui tendit avec un geste si désespéré, qu'Albert fut frappé au cœur avant même d'avoir brisé l'enveloppe.

Enfin, il décacheta la lettre; il la lut d'un seul coup d'œil, car elle était fort courte, et il tomba roide sur le carreau.

Le docteur Maugis fut immédiatement appelé. Malgré tous ses soins et ceux de Maunier, Albert resta plongé dans une catalepsie profonde, qui ne cessa, au bout de quarante-huit heures, que pour faire place à une invincible somnolence, entrecoupée de mots sans suite et de profonds sanglots. Maunier, Mme Gluais et Madeleine veillaient tour à tour près du malade.

Un soir, Maunier, assis dans un grand fauteuil, lisait attentivement un gros in-octavo maculé et écorné à tous les feuillets, et Madeleine tenait dans ses mains la fatale lettre. Elle était ainsi conçue :

« Augsbourg, 23 août 1834.

« Monsieur,

« Je vous annonce avec peine une catastrophe qui va vous plonger dans la douleur, Mlle Catherine Trintzius, votre tante, a été assassinée dans la nuit du 21 aú 22. On n'a pu jusqu'à présent mettre sur les traces des coupables. La justice informe. Son testament est déposé entre mes mains. J'aurai l'honneur de vous donner connaissance de son contenu en présence du conseil de régence dès que vous serez arrivé à Augsbourg. J'ose vous supplier de venir dans le plus bref délai. Votre présence ne peut qu'activer les investigations de la justice.

« Je suis, avec la plus parfaite considération, monsieur,

« Votre très-humble et très-obéissant serviteur,

« AUGUSTUS HEINRICH,

« Greffier du tribunal de la ville libre d'Augsbourg. »

Madeleine achevait cette lecture, cent fois recommencée, lorsqu'Albert poussa un profond soupir et ouvrit les yeux.

Maunier posa son livre, et mit soigneusement le sinet à la page interrompue.

« Albert, me reconnais-tu ? dit-il.

— Mon maître tue! murmura faiblement Albert.

— Toujours son idée fixe! dit Madeleine en pleurant. Voilà les seules paroles qu'il ait prononcées depuis deux jours.

— Ma tête brûle! continua le pauvre jeune homme. Je me suis fendu le front en tombant.... Je n'étais qu'au second pourtant.... Oui, ma tante demeurait au second.... Ah ! si j'étais à Paris dans ma bonne petite chambre !... Et Madeleine.... Mais quel voisin j'avais !... Ah ! l'assassin ! il m'a donné son arme.... Mon maître tue, j'ai tué !

— C'est le délire, dit Maunier. Il va peut-être avoir une méningite. Mais il y a du mieux, puisqu'il a parlé. Je vais chercher le docteur. »

Albert s'était retourné vers la ruelle, et paraissait retombé dans sa torpeur muette. Mais bientôt il respira profondément comme si on déchargeait sa poitrine d'un poids énorme ; il se leva sur son séant, ouvrit les yeux, les promena autour de lui avec une évidente satisfaction. Il regarda Madeleine, la reconnut, et poussa un cri de joie :

« Ah ! Madeleine, dit-il, c'est vous ! Qui est-ce qui m'a ramené ici ?

— Vous n'avez pas quitté votre chambre, monsieur Albert. Voici trois jours que vous êtes couché ; vous nous avez fait bien peur ! »

Albert devint plus pâle encore et jeta sur Madeleine un regard terrifié.

« Ah ! je vous ai fait peur ? reprit-il. Au fait, c'est bien effrayant, ce qui m'est arrivé ! Je ne crois pas que cela soit arrivé à personne. Et pourtant, je l'aimais bien, ma pauvre tante ! Ah ! ma pauvre bonne vieille tante !

— C'est affreux ! dit Madeleine en se cachant la figure dans ses mains.

— Oui, bien affreux ! Mais je la vengerai ; il y a des lois ; je ferai punir l'assassin. »

Madeleine secoua tristement la tête.

« Vous croyez qu'on ne le découvrira pas ? Patience ! Quand il sera temps, je le livrerai à la justice ! Son crime est horrible ; il l'expiera. »

Une exaltation sombre brillait dans les yeux d'Albert, et l'accent de ses paroles leur donnait un sens mystérieux et terrible. Madeleine frémit. Sans qu'elle s'en rendît compte à elle-même, un lien secret se formait dans sa pensée entre Catherine Trintzius et le refrain sinistre d'Albert pendant son délire.

« Mon maître tue ; j'ai tué. »

Absorbée dans une rêverie pleine d'angoisses, elle avait abandonné sa main à Albert, qui la tenait doucement et la tapotait comme on fait aux enfants câlins.

Une idée plus riante adoucissait la sauvagerie son regard.

« Quand je serai à Augsbourg, je vous écrirai, ma petite Madeleine. Qui sait ! je puis peut-être vous épouser. Je serai si heureux ! Oh ma tête ! ma tête ! Je suis tombé du second. »

Madeleine éprouva de singuliers sentiments en entendant ces paroles décousues ; des sentiments amers et doux, formés de joie et de douleur. Jamais l'amour d'Albert et de Madeleine ne s'était révélé que par de muettes confidences, que par des aveux devinés ou surpris, dans un geste, dans un coup d'œil, dans un sourire. Albert parlait aujourd'hui de mariage pour la première fois, et l'abandon, la spontanéité de ses propos témoignaient assez que cette union était arrêtée depuis longtemps dans sa pensée; et voilà ce qui faisait la joie de Madeleine. Mais la première expression de cet amour sincère s'enveloppait et se perdait dans le délire de la folie; et qui sait si Albert avait conscience de ses paroles? Peut-être Madeleine s'était-elle tristement abusée; peut-être l'amour d'Albert ne devait-il pas survivre à la catastrophe où s'était brisée sa raison.

Madeleine, triste et oppressée, s'était retirée dans l'angle le plus obscur de la chambre, où le regard d'Albert la cherchait vaguement, lorsque le docteur Maugis entra.

C'était un homme d'une stature élevée et de forte encolure. Sa tête, d'un volume énorme, ne présentait d'abord d'autre saillie que la carrure d'un nez puissant et sensuel, le modelé de deux grosses joues et le double arc d'une paire de lunette d'or. Mais une vaste intelligence et une bonté sereine se lisaient sur un front large et haut, couronné de cheveux noirs mêlés comme les broussailles qui couronnent un roc. L'œil était vif, spirituel et d'une lucidité surprenante.

« Hé! hé! dit-il en prenant la main d'Albert,

vous voilà mieux que je ne l'espérais, mon bon. Souffrez-vous encore ?

— La tête ! docteur, la tête ! J'ai le crâne fendu.

— Mais pas du tout ; c'est un reste de fièvre chaude. Comment diable vous avisez-vous d'avoir de pareils cauchemars ?

— Je n'ai pas de cauchemar, mais il m'est arrivé des choses terribles.

— Contez-les-moi.

— Pst ! dit Albert avec un sourire bizarre ; vous ne me croiriez pas. Mais dites-moi comment je suis revenu ici.

— Dans votre lit ?

— Non, dans ma chambre.

— Vous n'en êtes pas sorti, mon bon ; seulement, on vous a relevé par terre, sur le carreau, où vous vous tordiez comme un ver.

— Oui, à mon retour.

— Vous êtes donc sûr d'avoir quitté la maison de Mme Gluais ?

— Très-sûr.

— Et quand donc ?

— Attendez un peu.... En quel mois sommes-nous ?

— En août.

— Et quel jour ?

— Le mercredi vingt-cinq.

— Mais de quelle année ?

— Mil huit cent trente-quatre.

— Le vingt-cinq août ! » dit Albert.

Il se mit à réfléchir et compta sur ses doigts, puis il reprit en se retournant vers le docteur Maugis :

« Quel jour est mort mon voisin Baretscha ?

— Le vingt et un, dit Mme Gluais.

— Quatre jours pour aller, quatre jours pour revenir, huit; huit et vingt et un.... Vous dites que nous sommes au vingt-cinq.... Ce n'est pas mon compte; vous me trompez.... Quel jour suis-je parti?»

Tous les assistants se regardèrent. Le docteur Maugis, qui cherchait attentivement le fil de ses divagations, répondit en attachant sur Albert son regard pénétrant :

« Vous avez perdu connaissance le vingt-deux et vous êtes resté quarante-huit heures sans revenir à vous.

— C'est cela, c'est cela ! dit Albert; j'étais là-bas. Vous me croyiez là parce que mon corps était resté dans mon lit sous vos yeux. C'était une ruse, j'étais là-bas. Ah ! l'assassin, l'assassin ! Mais comme je suis revenu vite, trop vite, car je suis tombé. Je m'étonne de n'en être pas mort. C'est bien extraordinaire, hein, docteur ? Mais je ne me tue pas, moi, au contraire, c'est moi qui tue ! Docteur, allez chercher le procureur du roi. »

Le docteur Maugis ordonna quatre-vingts sangsues et une application de glace sur la tête.

« Vous avez vu par expérience, continua M. Becker, en s'adressant aux deux étudiants, que la monomanie, c'est-à-dire la prédominance exclusive d'une idée fausse, résiste aux médications les plus habiles. Le traitement moral est le seul qui offre quelques chances de succès. Loin de flatter la manie du malade, il faut la contredire ouvertement, discuter avec lui, sans jamais lui accorder un pouce de terrain; il faut, enfin, le mettre face à face avec son aberration, la circonscrire et l'attaquer avec la logique la plus serrée. Le jour où l'on parvient à l'ébranler, à la rendre douteuse aux yeux du monomane, la partie est gagnée. »

Mais le docteur Maugis n'eut pas le temps d'engager ce combat de tous les instants avec son malheureux élève.

Un matin, Albert Trintzius disparut de la maison de Mme Gluais, et quand on s'aperçut de son absence, il roulait sur la route d'Augsbourg, sans autre bagage que son khandjiar.

Albert employa tout le temps du voyage à se prouver qu'il avait assassiné sa tante; quand il arriva à Augsbourg, sa conviction sur ce point était inébranlable.

« Et qu'en pense l'honorable M. Becker? dit Franz.

— Dieu me garde de me prononcer en pareille matière! reprit sérieusement le directeur. Il est certain pour moi qu'Albert assistait en songe au meurtre de sa tante; la science offre mille exemples d'un pareil phénomène; tout le monde sait qu'Apollonius vit d'Éphèse, l'assassinat de Domitien à Rome, et que le solitaire Paul vit de plus de dix lieues l'empereur Valens brûlé par les Goths. Ces faits sont admis d'autant plus généralement qu'ils s'encadrent à merveille dans toutes les théories sans en gêner aucune. Pour les matérialistes, c'est une extension prodigieuse des sens; pour les mystiques, c'est un point de doctrine; pour les catholiques, c'est un miracle.

— Et pour vous? demanda Reichard.

— Pour moi, c'est un fait, voilà tout! répondit tranquillement M. Becker; l'explique qui pourra. Et si ce fait est un mystère, que m'importe un mystère de plus? Nous avons coutume de refuser toute croyance à ce qui sort de l'ordre accoutumé. Mais cet ordre lui-même est complétement incompréhensible; et puisque notre esprit conserve le souvenir du passé, pourquoi n'aurait-il pas la conscience universelle du présent et même la prescience de l'avenir?

— Mais de ce qu'un songe aurait révélé à M. Trintzius la mort de sa tante, il ne s'ensuivrait pas nécessairement qu'il l'eût tuée, dit Franz.

— Là, sans doute, est l'aberration, là est aussi le problème; et dans quelques jours il y aura onze ans que le docteur cherche à le résoudre contre lui. Onze ans d'étude ont renforcé sa conviction; il se croit coupable, et cherche, avec une persistance inouïe, la preuve décisive de son crime.

— Et on a livré à vos expériences l'assassin du notaire Freilich? C'est horrible! dit Franz.

— Je comprends vos scrupules; mais, tout bien pesé, l'intérêt de la science l'a emporté sur des considérations d'humanité peut-être superflues lorsqu'il s'agit d'un pareil scélérat.

— Nul n'a le droit de retrancher du monde une créature vivante, et c'est un crime que d'attenter à l'œuvre de Dieu.

— L'homme dont nous parlons a-t-il craint de le commettre?

— La peine de mort est un sacrilége; mais, ainsi exercée, c'est une barbarie sans nom!

— Croyez-vous donc que l'expérience aura la solution qu'espère M. Trintzius?

— Cet homme n'est pas en état de résister à d'aussi atroces tentatives.

— C'est ce que nous verrons! dit M. Becker, qui, apparemment, avait une opinion fort arrêtée.

— Vous n'avez pas fini l'histoire du docteur! interrompit Reichard, plus préoccupé de l'intérêt dramatique de ce récit que des considérations scientifiques qui en pouvaient découler.

— Elle peut s'achever en deux mots, reprit M. Becker. Arrivé à Augsbourg, Trintzius prit les renseignements les plus minutieux sur la catastrophe qui le rendait riche de trois cent mille florins; mais elle était entourée du mystère le plus profond. La justice avait soigneusement visité l'appartement de Mlle Trintzius, sans pouvoir recueillir aucun indice. L'assassin n'avait point laissé de traces ; rien n'était dérangé dans la chambre ; et la vieille dame avait été frappée au cœur d'un seul coup d'une lame très-fine et très-affilée ; elle était morte sans souffrance, le sourire sur les lèvres.

« On pensa d'abord que ce forfait avait été inspiré par la cupidité; mais l'argenterie était restée intacte, et on retrouva dans le secrétaire une assez forte somme en or. Les domestiques, dont l'innocence fut proclamée hors de doute, firent remarquer pourtant que Mlle Trintzius avait l'habitude de porter à son cou une espèce d'amulette en or fin ciselé ; on n'a pas retrouvé ce bijou, dont la valeur était, d'ailleurs, trop minime pour exciter la convoitise de vulgaires malfaiteurs.

« M. Trintzius, après de mûres réflexions, ne trouvant rien qui démontrât son innocence, se déclara l'assassin de sa tante et se livra à la justice. Les autorités d'Augsbourg durent prendre nécessairement sa déclaration au sérieux, et le prétendu coupable fut emprisonné et mis à un secret rigoureux. Mais un commencement d'instruction fit découvrir qu'à la date du 21 août 1834 Albert Trintzius était à Paris, et qu'à l'heure présumée du crime il était au lit, sous le coup d'un accès de fièvre chaude, bien constaté par le témoignage du docteur Maugis, de Louis Maunier, de Mme Gluais et de sa fille.

« Il fut donc mis en liberté malgré ses protestations, et il revint à Paris, en proie à un sombre désespoir.

« Il revit Madeleine, et ce pur amour calma son âme en délire. Il suivit les conseils de Mme Gluais et parut s'attacher à l'idée d'un bonheur domestique, d'une vie heureuse partagée entre l'amour et l'étude. Dans ces vues, il acheva ses études et se fit recevoir médecin. A la fin de 1835, il épousa Madeleine. Mais à peine avait-il goûté les délices de la lune de miel, à peine Mme Gluais avait-elle eu le temps de se féliciter des allures parfaitement raisonnables de son gendre, que celui-ci partit à l'improviste, comme il l'avait fait l'année précédente; mais cette fois il emmena Madeleine.

« Il alla successivement à Gœttingue, à Weimar, à Kœnigsberg, dans tous les grands centres de la science; de là, toujours suivi par sa compagne dévouée, il alla visiter le Danemark, la Suède, la Norvége, tous les lieux où il espérait rencontrer les traditions encore vivantes de Swedenborg. Plus tard il se lia d'amitié et de doctrine avec l'illustre Justinus Kœrner, l'aigle de la Souabe. Partout, il sut recueillir de précieuses observations sur la nature intellectuelle de l'homme. Personne au monde ne possède une science pratique plus étendue, des théories plus profondes et plus vraies, malgré leur apparente étrangeté. Il a demandé leurs secrets à toutes les religions, à toutes les cosmogonies ; il a cherché le sens intime des sciences occultes; le magnétisme, le somnambulisme, l'astrologie, l'oneïromancie, la phrénologie, lui ont fourni des indications précieuses. Enfin, sa réputation est parvenue jusqu'au roi, qui l'a désigné lui-même, il y a cinq ans, pour le poste de médecin en chef de l'hospice de Klagenfeld.

« Voilà l'homme que vous accusiez, Franz. S'il ne peut forcer votre sympathie, convenez, du moins, qu'il a droit à la commisération la plus respectueuse. »

Les deux étudiants s'inclinèrent en silence.

IX

Les joyeusetés de M. Franz.

Cependant notre vieille connaissance, maître Hans Sperling, le maître gracieux de l'hôtel du Milan, avait perdu le sommeil et presque l'appétit. Johanna, qui le grondait jadis sur sa gourmandise, lui cherchait noise maintenant sur son abstinence. Hans soupirait et ne répondait pas aux aigres interpellations de son acariâtre moitié.

C'est que le digne homme se souvenait de la promesse que Franz avait oubliée, lui.

La huitième heure du vingt-troisième jour d'août venait de sonner à l'horloge de la maison commune, et Hans Sperling n'avait pas encore revu le condamné à mort.

C'était trop attendre, Hans se fâcha tout de bon. Il mit son plus bel habit, coiffa son grand chapeau de quaker, prit le petit Fritz par la main, et se rendit d'un pas ferme à la maison de M. Becker. Il sonna délibérément à la grille, entra et aperçut presque aussitôt M. Franz, qui fit une moue significative en reconnaissant de loin son visiteur matinal.

« Hé! hé! maître Sperling! s'écria-t-il, que me voulez-vous à pareille heure, et que signifie cette mise recherchée? Ainsi vêtu de noir, vous avez l'air d'un notaire, ou tout au moins d'un marguillier.

— C'est que je viens en visiteur, monsieur Franz, dit l'hôte en retirant son grand chapeau.

— Vous faites tant de cérémonies pour moi? Grand merci, maître Hans!

— Certainement, vous valez bien la peine, mon digne monsieur Franz, qu'on fasse un bout de toilette pour vous; mais il y a encore quelque chose.

— Qu'est-ce donc?

— Dame! monsieur Franz, c'est là que gît le lièvre[1]. Vous rappelez-vous que vous me promîtes quelque chose?

---

1. *Da ist der Hunt begraben.* C'est là que le chien est enterré, disent les Allemands.

— De l'argent, sans doute? dit Franz qui avait sur la conscience quelques petits mémoires arriérés.

— De l'argent, je n'en disconviens pas; mais autre chose encore.

— Ah! ma foi! expliquez-vous; je ne devine pas.

— Eh! bien, le condamné à mort....

— Chut! dit Franz, c'est impossible!

— Cependant....

— N'y songez plus!

— Ah! fit l'hôte avec une explosion de désappointement qui bouffit ses joues enluminées : c'est ainsi que vous traitez vos amis, monsieur Franz? Vous vous jouez des promesses les plus sacrées. Eh! bien, je saurai vous contraindre à les remplir. Savez-vous bien que vous me devez plus de trente florins, monsieur Franz; trente florins, six groschen! tout autant?

— Allons, taisez-vous! dit Franz devenu pensif, je vais faire ce que vous désirez. »

La colère de Sperling tomba comme un ballon qu'on dégonfle, et il se confondit en excuses, que Franz accueillit avec une grande affabilité; mais l'étudiant méditait une vengeance, une vengeance d'étudiant allemand. Il conduisit l'hôte du Milan à travers les détours du parc jusqu'à un préau particulier, destiné aux promenades de quelques maniaques incurables, sujets parfois à des accès de fureur. C'était un membre de la Tugenbund, devenu fou dans les conciliabules mystérieux des sociétés secrètes.

« Wilhelm ! lui dit Franz d'un ton confidentiel, reconnaissez-vous ce particulier ?

— Il me semble que je l'ai vu quelque part. »

Et ses yeux s'allumèrent.

« Il est si bien déguisé que vous ne l'aurez pas reconnu tout d'abord.

— Qui donc est-ce ! demanda Wilhelm d'un air sauvage.

— C'est le roi de Prusse. »

Franz avait à peine dit ces mots que le fou s'était élancé sur maître Sperling, qu'il cribla silencieusement d'une nuée de gourmades. Le pauvre aubergiste n'y voyait que du feu et le petit Fritz poussait des cris d'aigle.

Un gardien vint heureusement le soustraire aux étreintes du fou qu'il eut beaucoup de peine à repousser dans le préau. A la fin, Wilhelm se laissa renfermer, tout en se frottant les mains pendant que l'aubergiste se frottait les épaules, et se disait à part soi :

« J'ai vengé ma patrie !

— Monsieur Franz, dit ensuite le gardien, je venais vous chercher ; M. le professeur Trintzius vous attend à l'amphithéâtre. »

X

L'anniversaire.

Les premiers rayons du jour avaient surpris Albert Trintzius au milieu d'un travail acharné. Deux bougies presque consumées attestaient sa longue veille. Il écrivait avec une rapidité extrême, et les feuillets s'entassaient à sa droite ; ses yeux, rougis par la fatigue, s'emplissaient parfois de larmes brûlantes, qu'il laissait tomber sur le papier sans s'en apercevoir, et la sueur ruisselait sur son front, bien que la fraîche bise du matin filtrât dans l'appartement par les jointures des croisées.

Il était plus de six heures quand Albert s'arrêta ;

il relut attentivement son travail, qui formait une liasse volumineuse, le mit sous une épaisse enveloppe et le cacheta de cire noire, puis il y plaça cette suscription :

« A Messieurs les Président et Juges du Tribunal criminel de la ville libre d'Augsbourg. »

Cela fait, Albert fit sa toilette avec un soin minutieux, s'habilla solennellement de noir, et entra dans la chambre de sa femme.

Madeleine ne dormait pas ; une inquiétude mortelle avait troublé son repos.

Trintzius l'embrassa au front et s'assit près du lit d'un air morne.

« Madeleine ! dit-il, c'est aujourd'hui le 21 août 1845. Il y a onze ans que ma tante est morte assassinée. J'ai juré de livrer le meurtrier à la justice et de consacrer ma vie à recueillir les preuves de son crime. Le temps est venu ; la preuve est complète ; je partirai ce soir même pour Augsbourg, et j'irai me mettre entre les mains des juges. »

Madeleine poussa un gémissement.

« Je t'aurai embrassée aujourd'hui pour la dernière fois, reprit Trintzius ; mais avant de nous séparer, Madeleine, laisse-moi te dire que je t'aime et que je te bénis ! Ton dévouement a égalé ton courage ; tu t'es unie à moi sachant quelle était ma vie et quelle fin Dieu réservait à notre amour. Tu as eu pitié du meurtrier ; tu ne l'as pas abhorré ; tu l'as chéri, consolé, soutenu dans sa cruelle tâche, et jamais ta bouche, pauvre femme, n'a laissé échapper une plainte! Tu étais digne de mon amour, comme j'étais digne d'une meilleure destinée. Madeleine, je vais te confier mes dernières volontés. »

Madeleine n'avait pas la force de l'interrompre et se tordait les mains.

Trintzius continua d'une voix lente et calme :

« J'ai accepté la succession de Catherine Trintzius, et tu sais dans quel but, Madeleine; j'avais médité de m'ouvrir courageusement un chemin nouveau dans la science, et de proclamer, appuyé de faits irréfragables, la grande vérité de l'action physique et de l'esprit sur le corps! Hélas! pour accomplir ce grand dessein, pour pouvoir dire un jour aux hommes : « J'ai tué; voici mes preuves, tuez-moi! » j'étais trop pauvre. Mais ce que j'avais dissipé de la fortune de ma tante, d'un bien qui ne saurait m'appartenir, je l'ai regagné et au delà par des travaux assidus. Ma science m'a été chèrement payée, et à mon tour je vais la payer de ma tête! Voici un portefeuille où tu trouveras les titres de ma fortune. Quand je serai mort, Madeleine.... Ici, Trintzius s'arrêta malgré lui sous le poids d'une angoisse déchirante; mais il surmonta promptement sa faiblesse, et reprit d'une voix ferme : quand je serai mort, tu restitueras aux hôpitaux les trois cent mille florins que j'ai reçus en héritage, car ma tante ne laissait pas d'autre héritier que moi. Il te restera une somme suffisante pour t'assurer une existence paisible. Dieu ne m'a donc pas tout à fait abandonné, puisqu'il a bien voulu que je ne sortisse pas de cette vie avec l'amer regret de te laisser après moi la misère. Jure-moi, Madeleine, d'exécuter fidèlement mes dernières volontés. »

La douleur, trop longtemps contenue de Madeleine éclata en torrents de larmes et en sanglots déchirants.

« Madeleine, ma chère femme ! s'écria Albert en couvrant de baisers le visage pâle de Madeleine, ne brise pas mes forces ; laisse-moi mon courage, j'en ai besoin pour une dernière épreuve.

— Albert, ne me quitte pas ! murmura Madeleine ; ne me quitte jamais ; je mourrai si tu meurs.

— Quoi ! dit Trintzius avec l'accent de la surprise, tu me conseilles de renier ma tâche et de souiller ma vie ? Ne m'as-tu pas soutenu jusqu'à présent, n'as-tu pas approuvé ce que tu appelais ma grandeur d'âme et ma magnanimité ?

— Je suis une misérable, et le ciel me punit cruellement, Albert ! J'ai cru te sauver, et je te perds ! Ah ! malheureuse ! Je devais combattre ta folie, et je m'y suis associée ! Il est trop tard, maintenant, et mes larmes sont impuissantes. Albert, tu es fou ! tu es fou ! »

Trintzius se redressa de toute la hauteur de sa taille majestueuse.

« Non! non! je ne suis pas fou! dit-il d'une voix inspirée et terrible; non! la science ne m'a pas trompé! J'ai pénétré au plus profond des mystères de la vie, et j'y ai lu ma sentence. Il faut que justice se fasse. J'ai contemplé Dieu face à face, et il m'a laissé entrevoir des secrets que nul parmi les hommes n'avait jamais connus. Ma folie, c'est la science, c'est la justice et l'expiation.

— Tu es fou! tu es fou! reprit Madeleine, folle elle-même. »

L'exaltation d'Albert tomba subitement.

« Tu m'as donc trompé, Madeleine, et quand tu encourageais mes espérances, quand tu m'enivrais de ton admiration, je n'étais donc pour toi qu'un malheureux insensé, que tu couvrais d'une piété menteuse. Je devais mourir fort et sublime, Madeleine; je mourrai faible et désespéré. »

Trintzius s'élança hors de la chambre et ne s'arrêta qu'au milieu du parc.

« Il fait beau! dit-il, le soleil brille comme à mon premier printemps. Tout est calme et riant dans la nature; pourquoi suis-je seul inquiet et troublé? Allons, allons, mon cœur! reprends ta fierté! ô mon âme, reprends ta pureté native! Dieu est là-haut, et tu iras bientôt finir ta destinée au sein des sphères lumineuses! »

Peu à peu Albert se rasséréna, et, à part sa pâleur extrême et le cercle brun qui faisait ressortir l'éclat de son regard, rien ne décelait les terribles angoisses qu'il venait de subir.

XI

La dernière leçon de M. le professeur Trintzius.

Lorsque Franz se rendit à l'amphithéâtre, il y trouva le docteur Trintzius, Reichard et les autres élèves de la maison de santé.

M. Becker n'était pas là.

Une certaine agitation se manifestait parmi les personnes présentes, et l'on semblait attendre quelque chose de singulier. Le docteur Trintzius avait interrompu depuis fort longtemps ses leçons d'anatomie du cerveau, et on s'étonnait de cette convocation matinale.

« Messieurs, dit le docteur Trintzius, je vous ai

réunis pour vous faire assister à une expérience qui peut trancher de grands problèmes et jeter un jour nouveau sur certains points inconnus ou oubliés des sciences humaines. Je vous l'ai dit autrefois dans mes leçons, le principe inconnu de la vie est une force appréciable, visible, presque pondérable, dont les effets se manifestent, dans des circonstances données, avec la subtilité des courants électriques et l'irrésistible explosion de la foudre. L'agent conducteur de cette force, si bien étudiée par les chimistes et les philosophes pratiques du moyen âge et de l'antiquité, c'est la volonté. L'accumulation de ce fluide vital sur un point donné, et particulièrement sur une créature vivante, peut-il produire une désorganisation manifeste, et, selon la force d'intensité, occasionner la mort? Tel est le sublime problème que je me suis proposé de résoudre sous vos yeux.... »

Un murmure sourd gronda dans le groupe des étudiants.

« Je n'oublie pas, Messieurs, reprit fortement Trintzius, que j'encours une énorme responsabilité; soyez persuadés que je l'apprécie, et que je suis prêt à en accepter les conséquences, quelque terribles qu'elles puissent être.

— Jacob, dit-il à un garçon de service, faites amener ici l'assassin du notaire Freilich.

— Monsieur le docteur, dit Franz, je dois vous

prévenir que cet homme est dans un état d'affaiblissement extrême, et que la moindre émotion le tuera.

— Monsieur, repartit sévèrement Trintzius, je ne vous ai point consulté. Je connais mes devoirs, mais je connais mes droits; et jusqu'à présent, du moins, je suis médecin en chef de l'hospice de Klagenfeld. Allez avec Jacob, et faites transporter ici le condamné à mort. »

Franz et Jacob sortirent.

Un grand quart d'heure s'écoula dans l'attente. M. Becker parut et apprit à Trintzius que le transport du condamné fou avait souffert les plus grandes difficultés. Cet homme ne voulait pas quitter sa cellule; et il n'avait pas fallu moins de quatre des plus vigoureux gardiens pour l'amener jusqu'à l'amphithéâtre.

On le vit entrer enfin, et sa face pâle, terreuse, décomposée, l'alanguissement de tout le corps, témoignaient assez que Franz avait dit vrai.

On le coucha sur la grande table, et les élèves se rangèrent en demi-cercle derrière leur professeur.

Trintzius mit la figure de cire côte à côte avec l'assassin, et recommença devant l'assemblée les préparatifs étranges qui avaient si complétement surpris Franz à quelques jours de là.

Puis il s'arma de son khandjiard.

« Messieurs, reprit-il avec émotion, il y a onze

ans aujourd'hui, une de mes parentes les plus chères, Mlle Catherine Trintzius, ma tante, presque ma mère, est morte victime d'un lâche attentat. La justice humaine n'a pas éclairci jusqu'à présent les causes de cette mort mystérieuse. J'ai dit aux magistrats que j'avais tué ma tante pendant mon sommeil; les magistrats ont dit que j'étais fou. Or, je vous le dis aujourd'hui, quelque inconcevables que puissent être les conséquences de ce meurtre, ma conscience me crie que je suis le seul et le vrai coupable; et ma conscience le prouve. Regardez-moi! »

Trintzius piqua trois fois l'image au cœur.

Au premier coup, le condamné poussa un sourd gémissement; au second, il cria; au troisième, il se tut, la vie avait cessé.

Une grande stupeur d'abord, puis un élan d'indignation agita les spectateurs de cette scène horrible.

Albert fit un geste et contint l'explosion.

« Laissez-moi finir mon œuvre, dit-il, et je m'abandonne à vous. »

Il écarta la chemise du condamné pour mettre à nu sa poitrine; une gouttelette de sang noirâtre marquait la place du cœur.

Mais Albert jeta un cri déchirant; il recula, s'appuya contre la muraille; puis il tomba la face contre terre, pleurant et râlant.

Quand on le releva, le docteur Albert Trintzius

n'était plus qu'une masse inerte, il avait été frappé d'une attaque d'apoplexie foudroyante en apercevant sur la poitrine de l'assassin du notaire Freilich l'amulette d'or ciselé qui avait appartenu à Catherine Trintzius.

MASCARILLE EN AFRIQUE

MASCARILLE

EN AFRIQUE.

Un mercredi soir, sept ou huit personnes se trouvaient réunies dans le salon d'Émile de Nanteuil. C'étaient le baron de La Ménerie, son camarade de collége, Jules Champrivier, alors maître des requêtes et membre de la commission des théâtres royaux; M. Maupin, de l'Académie française, M. Tony, critique d'art; puis encore le colonel Vergamier, du 1ᵉʳ régiment de spahis, et son ami le chirurgien-major Banis, l'une des notabilités médicales de l'armée d'Afrique; enfin, le général comte de Léars.

Depuis son mariage avec la belle Delphine de Mirecourt, M. de Nanteuil était exposé à recevoir une compagnie infiniment plus grave que son ancien entourage de poëtes et d'artistes. L'arrivée à Paris du colonel Vergamier, l'oncle maternel de Mme de Nanteuil, amenait momentanément dans le salon d'Émile cette profusion inaccoutumée d'épaulettes et de croix.

La conversation roula tout naturellement sur la colonie d'Alger, théâtre de la gloire et de l'avancement rapide de Vergamier, qui, simple sous-lieutenant en 1830, était porté sur la liste des promotions pour le grade de maréchal de camp.

L'académicien Maupin saisit cette occasion de rappeler un à-propos-vaudeville de sa composition, joué aux Nouveautés vers le commencement de juillet 1830, et interrompu au fort de son succès par la révolution des Trois-Jours.

« La dernière expédition contre les tribus de l'Est a failli vous coûter la vie, colonel, dit le baron de La Ménerie. La France tout entière s'en fût émue....

— Ah! s'écria vivement le colonel, sans le dévouement d'un brave soldat, nommé Jérôme Brédif, j'étais perdu !

— Contez-nous cela, colonel !

— Très-volontiers. »

Un coup de sonnette retentit à travers l'antichambre et la salle à manger. Émile alla à la rencontre de l'arrivant.

« Ah! te voilà, Valentin?

— Tu as du monde ? dit le peintre.

— Quelques personnes, Champrivier et Maupin....

— Ça manque de gaieté.

— Entre donc. J'ai là un colonel de spahis qui raconte ses campagnes d'Afrique.

— Tiens ! j'ai subi toute la journée un modèle qui arrive de Tlemcen. Il a profité de ça pour me conter des torrents de blagues. Voyons ton colonel. »

Valentin Raynal suivit Émile au salon. De Nanteuil présenta son ami au colonel d'abord, puis au major, puis enfin à Tony.

« Ah ! ah ! dit l'artiste d'un air grave, M. Tony, professeur de perspective à l'École royale des Beaux-Arts !

— Monsieur, répondit Tony en rougissant, je ne le suis pas encore, mais je devrais l'être.

— Enfin, monsieur, dit Maupin d'un air agréable, vous avez la perspective de la professer un jour. »

Le colonel s'adossa contre la cheminée en narrateur qui veut dominer son auditoire du regard et du geste.

« Nous vous écoutons, colonel, dit Émile.

— M'y voici. Nous allions châtier les tribus insoumises dans les montagnes de l'ouest. Le corps expéditionnaire était composé de spahis et de zouaves réunis sous mon commandement et d'environ quatre cents hommes de ligne. La chaleur était accablante. Nous marchions depuis dix-huit heures sans avoir trouvé une goutte d'eau. Nos chevaux haletants saignaient par les narines. Quelques-uns s'étaient abattus et n'avaient pu se relever. La tristesse nous gagnait.

Tout à coup mon cheval, une magnifique bête appelée Rodolphin, se cabre, ouvre les naseaux, hennit et se précipite sur la droite, à travers de grands rochers glissants. La fine bête avait flairé une source. C'était un filet d'eau qui tombait presque perpendiculairement dans un bassin naturel creusé au vif de la roche granitique. Je lui rendis la bride et lui permis de boire tout à son aise. Comme j'avais laissé ma troupe à vingt-cinq pas tout au plus et que je n'étais séparé d'elle que par un demi-cercle de broussailles légères, je ne craignais aucune surprise. Je me préparais à descendre pour boire dans le creux de ma main, lorsque j'entends le froissement de branches et de feuilles qui s'écartent, et je vois apparaître une tête d'Arabe, puis deux, puis trois, puis quatre. J'étais cerné. Si je forçais Rodolphin à reculer d'un pas, il roulait avec moi dans le précipice béant formé par l'escarpement des rochers.

Ce fut un grand bonheur pour moi. Je ne risquais pas d'être frappé par derrière.

J'engageai la lutte corps à corps et le sabre à la main ; j'avais tout intérêt à les attaquer d'assez près pour paralyser le tir de leurs longs fusils rayés.

D'un coup de pointe, j'abattis un des assaillants qui, en se débattant, dégringola dans le ravin. Je profitai de la stupeur que ce premier succès fit naître chez mes ennemis, et je blessai un Arabe d'une cinquantaine d'années, qui courut en hurlant à la fontaine, dans laquelle il trempa son bras droit déchiré.

J'étais serré de près ; je n'avais plus que deux adversaires, mais armés jusqu'aux dents et animés d'un féroce désir de vengeance. Ils se placèrent de chaque côté de Rodolphin et le saisirent par la bride; ils étaient maîtres de moi. Ils évitaient de tirer un seul coup de feu, de peur d'attirer tout le détachement ; je vis une crosse de fusil s'élever et s'abattre lourdement. Je me couchai sur le cou de Rodolphin, qui s'enleva et se mit à galoper au hasard. Les deux Arabes avaient été contraints de lâcher prise. Ils me couchèrent en joue.

C'est à ce moment qu'un secours inattendu se présenta.

Un soldat égaré dans les broussailles, était accouru au bruit sourd de la lutte. Il mesura d'un coup d'œil le péril que je courais; il jeta son fusil, et sans autres armes que ses poignets vigoureux, s'élança sur un des ennemis, sauta sur son dos avec l'agilité d'un tigre, releva le canon de l'arme au moment où le coup partait, cloua sur ses genoux l'Arabe terrifié, et d'un vigoureux coup de pied dans les reins l'envoya rejoindre son camarade au fond du précipice.

Le quatrième ennemi avait disparu comme par enchantement à travers les crevasses de ce mur de granit. Un coup de feu tiré de bas en haut partit entre les jambes de Rodolphin, et vint briser la cuisse du pauvre diable qui m'avait tiré des griffes de ces coquins. Je le chargeai sur mon cheval et le confiai au major Banis.

— Et qu'est-il devenu? » s'écria Valentin.

Tout le monde était ému, excepté M. Tony, qui regarda l'heure, d'abord à la pendule, puis à sa montre.

« Nous ne pouvions guère nous embarrasser de blessés dès le commencement d'une expédition, dit le major. Ce malheureux subit l'amputation avec un grand courage; mais nous fûmes obligés de le laisser au premier poste français.

— Et après? dit Nanteuil.

— Eh bien! reprit le major avec une modestie aussi réelle que s'il se fût agi de lui, le colonel lui a fait une pension de cent francs par mois, qu'il lui fait tenir régulièrement à Tlemcen, où cet homme a fixé sa résidence.

— Pourquoi reste-t-il en Afrique? demanda Maupin.

— Mais au fait, colonel, dit Ferdinand de La Ménerie, n'auriez-vous pas pu lui procurer un petit emploi dans l'administration militaire ou le faire entrer aux Invalides?

— Malheureusement c'était bien difficile! répliqua le colonel avec un peu d'embarras. Sans doute je dois une reconnaissance éternelle à l'homme qui m'a sauvé; c'est un brave militaire, c'est tout ce que vous voudrez; mais.... c'était un *zéphyr*.

— Tiens! qu'est-ce que c'est que ça, un zéphyr? demanda M. Maupin.

— C'est assez difficile à expliquer, dit le colonel Vergamier. Le zéphyr n'appartient pas à un corps spécial comme le spahis, comme le zouave : ne vous y trompez pas. Le zéphyr est un des types les plus singuliers qu'ait produits l'occupation de l'Algérie par les armées de la France. A la bravoure d'intrépides soldats comme Escoffier, comme Blandan, comme Lelièvre, des héros ! à l'intrépidité gasconne de ce d'Artagnan, dont j'ai lu dans un cabinet de lecture, à Cherchell, l'histoire en huit volumes, joignez l'inépuisable ruse de Mascarille, de Scapin et de Quinola, ces illustres filous, et vous aurez à peine une idée du fantasque personnage que l'on appelle zéphyr.

— Mais enfin, dit Champrivier, quel est son rang dans l'armée ?

— Hiérarchiquement, le zéphyr appartient aux

bagnes de terre, c'est-à-dire aux compagnies de discipline.

— Il doit y avoir là bien des Parisiens ! interrompit Valentin.

— Ils le sont tous. Ce sont des gens qui ne se résignent jamais à la vie austère et monotone de fusiliers du centre. C'est là qu'ils finissent, s'ils ne sont devenus officiers dès leur première campagne. Un jour que, fatigués, inquiets et sans vivres, nous nous tenions cois sous les murs de Philippeville, en attendant une colonne retardataire, le général Galbois examinait avec une lunette ce qui se passait dans la plaine. Il voit deux Arabes la traverser au trot de leur cheval.

« Colonel, me dit-il, il me faut un homme de cœur et de bonne volonté. Il s'agit de rendre un important service, mais il y a risque d'une vie d'homme. »

Un zéphyr se présente.

« Écoute, lui dit le général, tu vois ces deux hommes là-bas ! Ce sont des Arabes. Sont-ils seuls, je n'en sais rien. Cours après ! Tâche de savoir.... Peut-être te casseront-ils la tête. Peut-être ont-ils deux ou trois cents hommes cachés dans les ravins et les broussailles. C'est ton affaire, tâche de ne pas te faire tuer, et rapporte-moi des renseignements.

— Ça suffit, général ! »

Le zéphyr emprunte un cheval et pique des deux

avec autant d'assurance que le plus hardi cavalier. Nous le voyons courir comme le vent sur les traces des deux Arabes, puis il disparaît dans l'éloignement. M. de Galbois, seul, pouvait le distinguer à l'aide de sa lunette. Tout à coup, la figure du général se contracte, il fronce le sourcil; il frémit, frappe la terre du pied, replie sa lorgnette, et regagne le quartier en gardant le silence le plus obstiné; il paraît absorbé dans une pensée douloureuse.

Au moment où il traversait la cour de sa maison le zéphyr reparaît à bride abattue, pâle, défait, sanglant.

« Mon général, dit-il, voilà les renseignements demandés ! »

Il avait à l'arçon de sa selle les têtes des deux Arabes.

— Quel diplomate ! s'écria Valentin.

— Voilà comme ils sont tous, reprit le colonel. Toujours placés aux avant-postes, partout enfin où le danger est pressant, ces enfants perdus comprennent qu'ils importent au salut de l'Empire. Je ne connais pas de gens plus intrépides à l'attaque, plus résignés dans les revers. D'ailleurs, le zéphyr ne se refuse rien; il mange beaucoup, boit sec, et ne daigne plus compter ses bonnes fortunes. Bien pénétrés qu'ils sont de la splendeur de leur mérite, ils traitent l'État de pair à compagnon, et ils se permettent envers lui certaines privautés généralement blâmées par les conseils de guerre.

— Mon oncle, dit Émile en souriant, vous faites des mots de vaudeville.

— Pas du tout! reprit le colonel, sans remarquer la grimace de l'académicien Maupin. Le conseil de guerre les blâme, et voilà tout. Je pourrais citer des zéphyrs qui passaient de deux jours l'un devant le conseil, et qui se faisaient acquitter à coup sûr par la noblesse de leur attitude, l'ampleur de leur geste tragique et l'éloquence fleurie dont ils ornaient leurs speeches. Le zéphyr ne garde jamais plus de vingt-quatre heures son pantalon d'uniforme. Il le vend à un brocanteur, et le remplace par un sac à farine éventré de part en part et dont les plaies sont recousues de manière à figurer deux jambes. A la première déchirure que subit ce vêtement économique, le zéphyr y apporte un supplément de drap rouge qui tranche avec grâce sur la trame grise de la toile et qui compense l'irrégularité de la coupe par la variété des couleurs.... Ils possèdent mille moyens très-spirituels pour remédier à l'insuffisance de la solde. Ils font chanter le sous-intendant militaire; ils empruntent de l'argent à l'officier payeur; à Blidah, ils ont vendu la salle de police pour trente francs à un Arabe qui passait. Ils tromperaient un juif algérien!

— A propos de juif algérien, dit le major Banis,

voici un échantillon extrêmement curieux des mœurs de nos zéphyrs. C'était à Mascarah, pendant les premières heures de l'occupation française. Deux zéphyrs, en cherchant fortune par la ville, pénétrèrent dans une petite maison qu'un zouave, jadis établi dans ce pays, leur désigna comme appartenant à un riche israélite, qui s'appelait Nathan Ismaël. Nos pillards trouvèrent le juif blotti dans l'angle le plus obscur d'une salle basse, et marmottant ses prières d'une voix tremblante. Il croyait sa dernière heure venue. C'était un homme d'une taille élevée, bien que sa tête énorme se courbât toujours en avant. Ses yeux gris et perçants brillaient sous d'épais sourcils noirs; et sa barbe ne cachait pas tellement sa bouche qu'on n'en remarquât la dimension singulière et la forte courbure, signe de juiverie et de rapacité. Les zéphyrs garrottèrent étroitement Ismaël, et se mirent en quête du butin. Ils passèrent une heure en recherches inutiles. Rien dans la cave, rien dans les armoires, rien dans la paillasse. C'était désespérant.

— Le trésor est caché ! dit l'un.

— C'est mon avis, reprit l'autre. Mais où est-il ?

— Parbleu ! j'ai une idée. »

« Ils se consultèrent un instant, puis d'un commun accord portèrent le juif sur son lit. Le plus robuste prit son fusil par l'extrémité du canon.

— Eh bien ! s'écria M. de Léars, qui pressentant

quelque meurtre honteux, ne fut pas maître de son inquiétude.

— Rassurez-vous, général, reprit le major en s'inclinant avec courtoisie ; ces deux hommes n'allèrent pas jusqu'à l'assassinat ; ils n'y songeaient même point. Le plus robuste, dis-je, prit son fusil par le canon, et fit tout le tour de la chambre en sondant la muraille à coups de crosse.

Pendant ce temps, son camarade tenait une main sur le cœur d'Ismaël, et interrogeait ses moindres battements.

Il se fit pendant quelques secondes un silence de mort. L'œil du juif, tout injecté de sang, suivait la crosse fatale.

« C'est ici. Son cœur bat plus vite ! » cria le zéphyr.

Ils enfoncèrent le panneau. Il y avait là trois cent mille francs.

M. Tony était tout pâle.

« Une idée digne de Shylock ! dit M. de Nanteuil.

— Belle scène de drame ! dit Champrivier, qui se souvenait d'avoir été directeur de théâtre.

— Et le combat du colonel contre quatre bédouins ?

— Oh ! dit M. Vergamier en souriant sous sa belle moustache, ceci est du ressort du cirque tout bonnement. Hé bien ! vous ne devineriez jamais comment j'avais connu l'homme qui m'a sauvé.

— Il n'est qu'onze heures, colonel ; dites, je vous

en prie ; vous êtes comme la sultane Schéhérazade, qu'on voudrait entendre encore pendant la mille et deuxième nuit.

— Toujours flatteur, mon beau neveu.

— Colonel, ne vous faites pas prier, dit Valentin. Entre artistes ! »

Le colonel s'inclina en souriant.

Dix heures sonnèrent, et M. Tony recula sa chaise comme s'il se disposait à se lever.

« Vous partez déjà, monsieur Tony ! demanda de Nanteuil.

— Oui, oui ! les rues ne sont pas sûres ; et nous sommes en hiver.

— Vous craignez le verglas ? dit Valentin d'un air niais.

— Non, monsieur ! répliqua Tony d'un air sombre. Je crains la vengeance des peintres.....

— Oh ! oh ! à vous entendre, les peintres doivent donc tous périr sur l'échafaud ?

— Oui, monsieur ; ceux du moins que j'ai critiqués dans la *Revue fashionable des Lettres et des Arts*. Tel que vous me voyez, monsieur, M. Ingres a voulu me faire assassiner dans le Berry.

— Vous m'étonnez ! M. Ingres ! Qui l'aurait cru !

— L'hiver dernier ils m'ont laissé pour mort sur la place Breda.

— La place Breda ! dit Valentin en riant ; ça n'est pas dans le Berry.

— Qu'importe, monsieur ! ceci prouve qu'ils ont des sicaires à Paris et dans les provinces. Oh! ils ont le bras long !

— Où demeurez-vous? reprit le peintre.

— A Montmartre.

— Diable ! monsieur, je conçois vos inquiétudes, rien ne serait plus facile que de vous jeter au fond d'une carrière.

— Et vous y termineriez la vôtre ! » dit Maupin.

Ce mot académique n'eut pas le moindre succès.

M. Tony très-alarmé, n'osait plus bouger.

Le colonel reprit la parole.

« Lorsque nous campions près de la Tafna, en 1836, n'étant encore que chef d'escadron aux spahis, j'avais à mon service un sapeur nommé Robergeot. C'était un digne et honnête garçon, franc comme l'or, plus fidèle qu'un chien, un peu simple d'esprit et très-fier de sa barbe rousse. Les préliminaires de la paix nous faisaient l'existence tranquille. Les convois de vivres arrivaient régulièrement. Pour ma part, je ne manquais de rien, et M. le maréchal duc d'Isly, alors le lieutenant général Bugeaud, m'avait gracieusement offert un panier de vin de Champagne et une caisse de pâté de foie gras. On avait un peu parlé de cette marque d'amitié toute particulière et je craignais les maraudeurs.

— Arabes?

— Non ; parisiens. Un matin, en sortant de ma

tente, je donnai l'ordre à Robergeot de ne pas s'éloigner et d'exercer sur les alentours la plus stricte surveillance; j'avais aperçu des zéphyrs à l'horizon.

— Compris! me dit Robergeot. Je ne bouge pas, et les zéphyrs seront malins s'ils entrent ici sans ma permission. »

En effet, mon brave sapeur, fidèle à la consigne, amène mon cheval, le fidèle Rodolphin, l'attache solidement devant la porte de la tente et se met à le brosser consciencieusement en sifflant la vieille complainte picarde :

> C'est la ville de Moscou ;
> On dit qu'elle est jolie !
> Elle est jolie, jolie assurément ;
> Que les Français entrent dedans !

Il en était là de sa chanson, lorsque apparaît un zéphyr en tenue soignée, capote d'un gris irréprochable, relevée en tablier au-dessus des genoux, culotte de toile sans rapiéçage, chaussure luisante et képi sans accroc, les mains dans les poches, et une fleur d'oranger à la boutonnière, comme un symbole touchant de son innocence.

« Bonjour, sapeur.

— Bonjour, zéphyr, bonjour !

> Que les Français entrent dedans !
> Bonaparte a t'envoyé
> Son atelerie légère!

— C'est joli, ce que vous chantez là, sapeur.

— C'est une chanson de mon pays, zéphyr.

— Vous êtes Normand?

— De la Picardie, pour vous servir.

— Fichtre! beau pays, qui produit de belles femmes, n'est-ce pas sapeur?

— Dam! je ne sais pas moi.

— Faites donc pas votre sucré, comme si on ne connaissait pas vos farces!

— Qu'est-ce que vous appelez mes farces, dites-donc zéphyr?

   Bonaparte a t'envoyé....

— Ah! laissez donc là votre chanson; c'est monotone à la fin. Quand vous êtes seul, avec Mme Louison, j'espère que vous lui chantez autre chose, hein! sapeur. »

Et là-dessus de gros rires. En fait de plaisanteries, le zéphyr n'est pas difficile.

« Je ne sais pas ce que vous voulez dire, » murmura Robergeot en devenant aussi rouge que sa barbe.

Le brave homme était fort amoureux de Mme Louison, cantinière au 22me de ligne, mais il n'en convenait pas....

« Et puis, qu'est-ce que vous me voulez, au fait? ajouta-t-il avec une sorte de brutalité.

— Je vais vous dire, sapeur; je viens d'avoir une

querelle avec un ami ; on va se donner un petit coup de torchon, et je voudrais que vous me servissiez de second.

— Ah! ben oui, par exemple ; le commandant serait content, si je laissais la tente toute seule!

— N'avez-vous pas peur qu'on l'emporte?

— Oh! pour ça non! C'est égal! je ne bouge pas.

— Ah! vous avez tort, sapeur. On vous demande un service et tu refuses? c'est du propre! — Joli cheval! ah! mâtin, la fière bête! Ça vaut six mille francs comme un liard!

— Vous en mettriez encore bien dix pour l'avoir, dites donc zéphyr, si toutefois vous aviez des liaisons suivies avec les billets de mille, ce dont j'ignore! Et peut-on savoir pourquoi vous vous battez?

— Écoutez, sapeur! j'étais de corvée à la cantine ; je vois passer Réquel, vous savez bien Réquel, le petit maigre, noiraud!

— Fameux brigand!

— Hein, qu'est-ce que c'est, sapeur? Je l'appelle : hohé! Réquel! hohé! viens boire un petit verre de dur. Qu'est-ce que vous croyez qu'il fait, Réquel?

— Il en boit deux?

— Allons donc! Il refuse. Donc, il me fait une insolence, et puisqu'il me fait une insolence, faut s'aligner, n'est-ce pas sapeur? Allons! venez boire quelque chose chez Mme Louison! Ça va-t-il! tôpe! en route!

—Doucement, doucement, zéphyr! quand on vous met de planton quelque part, vous y restez ou bien on vous fusille. Moi je suis de planton, et je reste.

— Rien qu'un petit verre.

Bonaparte a t'envoyé....

— Du doux!

Son atelerie légère....

— Diable de sapeur avec sa chanson! Voyons, vous ne voulez pas? En voilà de la conscience! vous brosserez votre cheval après! Quelle jambes! plus fines que les miennes! quel paturon! comme on travaille bien maintenant! Des fuseaux, quoi!»

En débitant ces exclamations admiratives, le zéphyr s'approcha de la corde, tira de son pantalon son couteau tout ouvert et la coupa net....

Rodolphin se sentant libre, s'élança tout d'un trait.

« Ah! mon Dieu! le cheval du commandant! s'écria Robergeot en joignant naïvement les mains.

— A pas peur, sapeur! courons après! à deux nous le rattraperons bien!»

Robergeot s'élance sur les traces du zéphyr qui courait comme un Basque, et qui rattrape Rodolphin à cinquante pas. Je rentrais à ce même moment.

« Commandant! commandant! me crie Robergeot, voilà Rodolphin que le zéphyr vient de rattraper. »

Je donnai un louis au zéphyr, qui me fit gracieusement le salut militaire et s'éloigna les mains dans ses poches en figurant le pas de la galopade, alors fort à la mode.

Je rentre à mon logis de toile et je dis à Robergeot de me servir à déjeuner. Voilà que mon sapeur pousse un cri de détresse.

« Ah! commandant! c'est-il drôle! il n'y a plus rien, ni pâtés, ni bouteilles!

— Animal! tu as laissé entrer le zéphyr!

— Pas du tout, commandant; je me suis toujours tenu en travers de la tente et il ne m'a pas quitté d'un instant.... Dans tous les cas ce n'est pas celui-là, j'en réponds! »

Je me rendis bientôt compte du moyen qu'avait employé le zéphyr pour s'approprier mon en-cas. La tente avait été fendue à la hauteur de la caisse, et un complice aposté avait tiré la caisse par cette ouverture pendant la courte absence de Robergeot.

Bien que ce ne fût là qu'un mince accident, j'avoue que le soir j'y pensais encore; et dans l'espoir de découvrir la trace de mon voleur, je fis, avant le coucher du soleil, une tournée dans le camp des zéphyrs.

J'avais deviné juste.

Je trouvai douze ou quinze de ces drôles attablés

autour de mes pâtés, et dégustant mon vin dans des gobelets tout bosselés empruntés à la cantinière. Un zéphyr, assis sur un siége un peu élevé, découpait magistralement, servait à boire ; et semblait, enfin, le président de ce banquet.

C'était toujours mon même zéphyr, celui qui m'avait si bien pipé vingt francs, et celui qui plus tard devait me sauver la vie, Jérôme Brédif, enfin !

« Jérôme Brédif ? dit Valentin.

— Où avez-vous volé ça ? leur dis-je.

— Commandant, me répondit Jérôme avec son aplomb ordinaire, nous ne l'avons pas volé ; c'est de la maraude ! »

Je ris : je fus désarmé.

« Maintenant, dit M. de Nanteuil, je conçois qu'il y ait quelque danger à ramener en France un gaillard comme Jérôme Brédif. Ceci est un peu trop fort de Mascarille, et Paris ne permet pas tout ce qu'autorise l'Algérie.

— Bah ! bah ! dit Valentin. Je t'amènerai Jérôme Brédif demain matin. Il est revenu tranquillement ; il s'est fait modèle d'atelier, et pose pour les têtes cruelles.

— Je serais bien curieux de le voir ! dit M. de La Ménerie.

— Moi aussi !

— Moi aussi ! »

M. Tony se leva et prit congé.

Valentin le tira à part.

« Monsieur Tony lui dit-il avec componction, j'ai de mauvaises idées sur vous ; j'ai le pressentiment qu'il vous arrivera quelque malheur ce soir, ce que je regretterais vivement, dans l'intérêt de la perspective.... française !

— Oh ! répondit M. Tony d'un petit air crâne, j'ai des armes ! »

Et il exhiba à Valentin un martinet à lanières garnies de balles de plomb.

« Peste ! s'écria Valentin ; vous êtes homme de précaution, et les sicaires de M. Ingres n'ont qu'à bien se tenir ! Bonsoir, monsieur Tony, et au revoir, car j'espère qu'ils vous épargneront ! »

M. Tony sortit en agitant son redoutable fouet.

« Comment ! ce pauvre Brédif, est ici ! s'écria Vergamier. Monsieur de Léars, je vous demande votre protection pour lui. »

Le général s'inclina et dit :

« Nous le ferons entrer aux Invalides.

— Qu'est-ce que vous dites ? murmura Maupin qui s'était endormi. Je rêvais de l'Académie ! »

LES TROIS VISITES

LES TROIS VISITES.

Au mois d'août 1845, une colonne de soldats français, composée de chasseurs d'Afrique, de spahis et de quelques bataillons de ligne, traversa la belle vallée d'orangers et d'agaves qui précède le Djebel-Ammer, l'un des principaux chaînons de l'Atlas.

Il était neuf heures du soir ; la nuit venait, claire et sereine. Les nuages fins et rares gardaient le reflet mélancolique des derniers rayons de soleil, et de longues bandes cuivrées couraient à l'horizon.

On se hâtait, car il fallait rejoindre au plus vite la colonne d'avant-garde chargée d'exécuter, dès l'aube, une razzia devenue nécessaire pour faire rentrer dans l'obéissance des tribus mutinées.

Le maréchal de camp qui commandait cette petite troupe s'était arrêté avec un officier supérieur pour la voir défiler et reprendre sa place à l'arrière-garde.

La température avait été chaude tout le jour; des bouffées lumineuses sortaient de terre par intervalles et simulaient de blanches apparitions à travers l'espace déjà sombre.

« Regardez donc, caporal Gobin, dit un soldat, regardez donc là-bas! J'ai aperçu quelque chose comme une loque blanche. Ça ne serait pas un Bédouin, sauf votre respect?

— Imbécile, dit le caporal avec beaucoup de gravité, c'est une feuille de cactus éclairée par la lune.

— Parbleu! Je le vois bien. Mais je parlais d'autre chose, d'une forme allongée et blanche que je ne vois plus. Ah! tenez, en voilà une autre!

— C'est des éclairs de chaleur, mon gars.

— Possible, possible, caporal; mais je vous assure que tout ça n'est pas drôle et que je ne suis pas rassuré dans ce pays-ci. »

A ce moment, le jeune soldat, interlocuteur du caporal Gobin, passait devant le général.

« Qu'est-ce qui t'effarouche donc tant? reprit Gobin.

— Pas grand'chose si vous voulez; mais toutes ces allées et venues de choses qui dansent dans l'air, ces plantes qui ont des grands bras tranchants comme des sabres, ces autres machines vertes qui ressemblent à des melons garnis d'aiguilles à tricoter, ça me fait l'effet de n'être pas naturel, et la nuit, ça doit être hanté par des tas d'esprits malins !

— Veux-tu bien te taire, conscrit ! dit le caporal avec vivacité. Ne vas-tu pas parler de revenants !

— Pourquoi que je n'en parlerais pas ? Je n'ai pas peur, puisque vous êtes là, vous et les autres. C'est égal, des revenants arabes ça doit être farce !

— Il faut bien que vous soyez de votre village, jeune homme, reprit Gobin, sentencieusement pour manquer aussi complétement de tact, je dirai même de sentiment ! Sachez, continua-t-il en baissant la voix, qu'il ne faut jamais parler de ces choses-là devant le général.

— Tiens ! est-ce qu'il est peureux, le général Vergamier ?

— Peureux ! allons, bon ! le général Vergamier peureux, à c't heure ! Un brave qui a gagné tous ses grades à se fourrer jusqu'au cou dans la gueule des canons, qui est commandeur de la Légion d'honneur, et qui a des autres croix, des petites sur toutes les coutures. Mon ami Gabet, vous ne parviendrez jamais au grade de ministre de la guerre, c'est moi qui vous le dis.

— Alors, puisqu'il est si brave, votre général, pourquoi ne veut-il pas qu'on parle de revenants !

— C'est son idée, à c't homme ! Il dit comme ça

que ces histoires-là le gênent, surtout quand il fait nuit. C'est une faiblesse, conscrit, je le reconnais; une faiblesse indigne d'un brave luron comme lui, aussi il s'en cache si bien que personne ne s'en doute.

— Alors comment le savez-vous, caporal?

— C'est un ancien ami à moi, Robergeot, un sapeur du 22e, qui a été domestique du général, qui m'a confié ça sous le sceau du secret, un soir qu'il était bu !

— Eh bien ! vous le gardez joliment, le secret ! Est-ce que je vous demandais si le général....

— Silence, Gabet, mon ami ! s'écria Gobin; je crois qu'il se doute que nous parlons de lui ! »

En effet, le général n'avait pas perdu un mot de la conversation des deux soldats, et l'impression qu'elle avait produite sur lui était si véritablement douloureuse, que son compagnon le chirurgien-major Édouard Banis, ne put s'empêcher de l'interroger avec surprise.

« Croyez-vous aux fantômes » ? demanda brusquement le général.

Le major sourit.

« Pourquoi pas, dit-il.

— Ainsi donc, le corps étant mort, l'âme survit ?

— Posée en ces termes, la question change.

— Expliquez-moi vos idées là-dessus.

— Ma foi, général, que sais-je ? Si la vie est la manifestation, je dis mieux, l'émanation d'un principe général et éternel sous une forme finie et périssable, les communications spirituelles sont non-seulement possibles, mais naturelles.

— Et votre avis, major ?

— Franchement, je ne sais que vous dire. Je n'ai jamais vu d'apparition, par conséquent j'ai le droit de douter. Ces phénomènes ne me paraissent pas contraires aux lois générales de la nature, et sont d'autant plus admissibles scientifiquement que par leur nature même, s'ils existent, ils échappent par leur essence à tout contrôle matériel exercé par les sens ; et si l'âme subit le contact immédiat d'une autre âme, l'esprit seul peut constater l'apparition. Le corps ne sent rien, ne voit rien, n'entend rien. A Weinsberg, en Allemagne, j'ai vu le docteur Justinus Kœrner et Albert Trintzius, son plus fervent disciple ; ils m'ont fourni des faits terrifiants. Mais j'ai la foi de saint Thomas : je voudrais voir et toucher.

— Moi, mon cher Édouard, j'ai vu ! » dit le général d'une voix sourde.

Le vaillant officier, le grave général qui faisait à M. Banis cette bizarre confidence, était un homme très-jeune encore ; à peine avait-il trente-huit ans. Sa belle et noble figure, d'un modelé un peu plein, recevait un caractère de grâce mélancolique par la douceur un peu triste de ses grands yeux bleus qui tempéraient la rudesse de son teint hâlé et de ses grandes moustaches blondes, assez abondantes pour couvrir tout à fait sa lèvre supérieure. Il avait les cheveux courts, mais soyeux; l'oreille petite et les dents bien rangées; son front, large et plein de pensée, annonçait un rêveur. Le général Étienne Vergamier, avec sa haute stature, ses épaules larges, sa grande force corporelle, ses yeux si doux, son front pur et son charmant sourire, aurait pu servir de modèle pour ces héros du Nord, fils d'Ossian et de Fingal, qui combattaient en chantant sur un rhythme héroïque.

Le major, homme froid, méthodique, mais intelligent et d'une profondeur de connaissances sans bornes, accueillit l'aveu singulier du général avec beaucoup d'étonnement et surtout avec une grande curiosité. Fût-on mille fois médecin et sceptique, le merveilleux porte en lui un charme douloureux auquel on n'échappe pas.

Vergamier mit son cheval au trot et garda pendant quelque temps le silence. Le major respecta sa rêverie, puis il céda à sa curiosité que légitimait suffisamment sa liaison intime avec le général.

« Nous avons une longue route à faire, dit-il; le chemin devient raboteux, et nous ralentissons forcément le pas. Général, racontez-moi l'événement auquel vous avez fait allusion tout à l'heure.

N'est-ce pas l'heure propice aux contes de revenants ?

— A quoi bon, major ? Vous ne me croirez pas !

— Je crois à toutes les sensations ; seulement, je me permettrai peut-être de discuter le principe des vôtres.

— Vous allez porter le scalpel de la physiologie dans le repli le plus secret de mon cœur. Bien qu'il m'en coûte, je cède cependant à votre désir. Mais je vous en supplie, ne riez pas. Tout ce que je vais dire est très sérieux. »

Le moment était bien choisi pour un récit de cette espèce. A mesure qu'on se rapprochait du Djebel-Ammer, le sol naguère touffu et gras devenait sablonneux et stérile. Les orangers faisaient place aux lentisques et aux cactus horribles. Les arbousiers élevaient droit au ciel leurs troncs d'un rouge sanglant et leur branches régulières, chargées de feuilles si luisantes que la clarté de la lune, en descendant sur elles, les faisait briller comme les acanthes et les ciselures d'un candélabre d'argent. A droite et à gauche, se dressaient des bancs de rochers noirs et bleus pareils à de monstrueux vases japonais d'où sortaient de grands cactus aux feuilles dentelées comme les pinces redoutables de quelque crabe géant. Les bruyères fines et sèches frémissaient sous la brise avec des craquements sinistres ;

et le pâle reflet des étoiles naissantes découpait en silhouettes allongées l'ombre des chevaux et des hommes. Les loups hurlaient dans le lointain, et de grands oiseaux tourbillonnaient dans l'air avec des cris aigus.

On entendait les chevaux clapoter tristement dans le sable fluide détrempé par les pluies récentes. De temps à autre une carabine s'armait avec un bruit sec, parce qu'une grosse touffe d'herbes avait remué, ou qu'une pierre avait roulé d'une anfractuosité de roche. C'est qu'ordinairement, en Afrique, au-dessus de chaque pierre qui roule, derrière chaque feuille qui bouge, il y a un ennemi.

« A vingt ans, dit le général, je sortis de Saint-Cyr, en même temps que mon meilleur ami, Georges de Mancel, un charmant jeune homme, blond, pâle, fluet, rêveur comme un poëte, fort comme un Kabyle, brave comme un lion. Nous nous étions connus dès nos plus jeunes années à Saint-Cyr; au milieu de ces querelles brutales que renouvellent chaque jour des traditions barbares, il avait souvent pris ma défense, et s'était battu pour moi, comme je me battais pour lui. Nous nous aimions sincèrement, et nous regrettions vivement la séparation prochaine que devait amener notre entrée au service.

Plus heureux que nous ne l'avions espéré, nous nous retrouvâmes à la prise du fort l'Empereur;

sous-lieutenants tous deux, joyeux de faire la guerre et pleins d'espoir.

Quelques jours après, Alger fut pris d'assaut. Georges pénétra l'un des premiers dans la ville; je le vis tomber frappé d'une balle au sein gauche.

Je le relevai et le portai sur mes épaules jusqu'à une petite maison abandonnée dès la première canonnade. Je le déposai dans une petite chambre de femme, fraîche, voluptueuse, embaumée. Le lit était défait. J'y couchai mon pauvre Georges et j'étanchai le sang de mon mieux. Vains efforts! l'agonie commença. Affaibli par la perte de son sang, à peine pouvait-il lever la tête pour me regarder encore; mais il tenait une de mes mains dans les siennes et la pressait convulsivement quand ses douleurs devenaient insupportables.

Cependant il eut quelques instants de calme.

« Étienne, me dit-il, je meurs bien jeune et je regrette la vie; car elle m'était douce avec ton amitié. Nous allons nous séparer, mais qui sait si c'est pour toujours! Nul ne peut dire ce qui nous attend au delà de la tombe : peut-être d'autres souffrances, peut-être le bonheur ou le néant. Mais si mon âme est immortelle, si elle conserve dans les régions inconnues les affections et les souvenirs qui la remplissaient dans son passage sur la terre, béni soit Dieu! Et s'il est vrai que nous puissions revoir ceux que nous avons tendrement aimés, sois sûr, mon bon Étienne, sois sûr que je reviendrai vers toi... Un soir.... au printemps... j'espère!.... Je sens la mort plus facile.... Je souffre bien pourtant.... Mais ma pauvre mère aussi m'avait dit en mourant.... je reviendrai!.... Et elle est revenue.... cette nuit.... encore.... elle me souriait.... Elle pleure maintenant.... Étienne.... adieu.... »

Il poussa un soupir et expira....

Le général s'arrêta quelques minutes, et reprit d'une voix oppressée :

« Je ne vous dépeindrai pas ma douleur : elle fut horrible. Et quand on enterra Georges au bruit du tambour et des chants de victoire, je versai des larmes amères, car je sentais que ma jeunesse gisait dans ce cercueil côte à côte avec mon ami. L'étrange adieu de Georges m'avait singulièrement frappé; la nuit, j'avais le cauchemar, des visions hideuses s'agitaient autour de moi. Pendant six mois, je fus nerveux comme une femme; et, vous le dirai-je, major, la nuit, seul, dans les ténèbres, j'avais peur....

Mais un an, deux ans s'écoulèrent. Le souvenir de Georges, profondément gravé dans mon cœur, céda sans s'effacer aux préoccupations de la guerre, au souci de mon avenir. Mes craintes puériles, vraie maladie, s'évanouirent d'elles-mêmes. Oui, plus je me consulte, et plus j'en suis sûr; j'étais revenu complétement à moi, j'avais l'esprit libre et le cerveau sain, quand l'événement que je vais vous raconter vint me frapper de stupeur.

Je venais de passer capitaine en second. Après de rudes et j'ose dire de glorieuses campagnes, je revins à Alger avec mon régiment. Jeune, impétueux, de sens ardents et presque vierges encore, riche de tout l'or de nos premières captures, je me jetai à corps perdu dans tous les plaisirs de garnison ; le soir, le jour, la nuit ne devinrent pour moi qu'une interminable orgie ; je me fis joueur, mais joueur avec passion, avec frénésie, comme on l'est pour la première fois. Je gagnai d'abord ; puis le sort me devint contraire. Une nuit, dans un café de la rue Bab-Azoun, je perdis quatorze mille francs, tout ce qui me restait de mon argent personnel et de mes parts de butin. La perte était grosse, on en parla beaucoup le matin dans Alger.

Vers dix heures, un planton me manda de la part du colonel. Je me rendis à cette invitation, pâle et inquiet, sans savoir pourquoi.

Je trouvai mon digne colonel plus pâle et plus triste que moi-même.

« Capitaine, me dit-il, profondément ému et comme au désespoir, la caisse de mon régiment a été forcée ce matin. On a pris quatorze mille francs ! *quatorze mille francs !* entendez-vous bien, monsieur ? »

Et le vieil officier s'avançait vers moi, les bras croisés sur la poitrine, l'œil sévère et menaçant.

Je sentis mes tempes bondir et ma tête se fendre. Je reculai en poussant un cri d'indignation.

« Voici un mouchoir perdu par le voleur et retrouvé sous le fauteuil du trésorier. Tenez, monsieur, il est marqué à votre chiffre : E. V. »

Je pris machinalement le mouchoir, il était bien à moi. Mes jambes fléchirent, mes larmes ruisselaient ; je ne pouvais plus parler.

« Et maintenant, monsieur, reprit le colonel, allez-vous brûler la cervelle ! »

Je sortis sans mot dire, écrasé, anéanti comme un coupable, comme un voleur ! Je n'essayai pas de me justifier ni de réclamer une enquête. Non ! je rentrai dans ma petite chambre d'officier ; je pris à un trophée un pistolet d'arçon chargé ; j'armai la batterie.

A ce moment je m'arrêtai, mes larmes se changèrent en sanglots, et dans une rapide vision je me rappelai mon enfance heureuse, et mes premiers faits d'armes, et ma mère, et Georges ! Georges surtout !

« Mourir ! murmurai-je. Mourir déshonoré !

— Tu ne mourras pas ! dit une voix vibrante, sonore, métallique et douce tout à la fois, mais qui n'avait rien d'humain. »

Le pistolet échappa de mes mains. Georges était là.... devant moi ! Son œil fixe, resplendissant d'une lumière inconnue, illuminait son visage blanc et diaphane comme l'albâtre.

Expliquez ceci, major, en vous racontant cette terrible aventure, je sens mes cheveux se dresser, mes dents claquent, ma voix hésite. Eh bien, en présence de Georges, je n'éprouvai plus qu'une joie sereine, un calme idéal, un bonheur sans mélange. Ma jeunesse, mes beaux rêves d'amour et de gloire m'entourèrent resplendissants. Courbé tout à l'heure sous le poids de la plus inconcevable fatalité, je me sentais maintenant sous une protection puissante, presque divine. Le dirai-je? l'apparition de Georges ne m'étonna pas. Je l'acceptai comme un fait tout simple, tout naturel. Nous nous parlâmes en frères, en amis séparés par une longue absence.

— Étienne, qu'allais-tu faire? me dit-il doucement. Malheureux! je viens te sauver. Ton domestique est le coupable ; il a volé les quatorze mille francs comme il t'avait volé ce mouchoir trouvé par le colonel. Tu avais confiance dans cet homme. Il fut honnête en effet. Mais il a une maîtresse, une fille mauresque qui lui vend cher ses faveurs ; c'est pour elle qu'il a volé. On trouvera deux mille francs dans son matelas et douze mille francs chez cette fille. Va vite chez le colonel. J'ai dit ce que j'avais à dire. Adieu.

Georges disparut et je me retrouvai seul.

Alors le sentiment de la réalité me revint; je me précipitai tête baissée dans les carreaux de ma fenêtre qui volèrent en éclats et firent couler mon sang.

Dans la cour carrée, entre les quatre murs éblouissants de chaux, au-dessous du ciel bleu, lumineux et torride, des soldats fumaient nonchalamment, un petit nègre jetait des poignées de grains à de magnifiques poules de Numidie dont les plumes vertes et rayées jetaient des reflets irisés; les créneaux blancs de la Casbah dominaient cette scène tranquille et silencieuse, et tout au loin étincelaient, comme des pierreries, les flots de la Méditerranée bleue. Je vivais, et je ne dormais pas! Et toute cette impossible hallucination, cette fantasmagorie était la vérité.

Alors la terreur me prit, une terreur folle, implacable, dévorante. Des courants glacés me parcouraient de la nuque au talon ; mes doigts se crispaient. De ce jour-là, j'eus quelques cheveux blancs.

Ici le général s'interrompit et commanda une halte. La colonne était enfin sortie des rochers et voyait se dérouler devant elle une plaine onduleuse qu'une petite rivière enlaçait de ses mille circuits. Au bout de cette plaine, une muraille noire et menaçante s'élevait par assises dentelées: c'était le Djebel-Ammer.

Le général Vergamier descendit de cheval, et, appuyé sur le bras du major, il continua son récit.

— L'événement vérifia tout ce que le spectre m'avait révélé. Le coupable avoua son crime, et l'argent fut retrouvé. Mon brave colonel, désolé de ses injurieux soupçons, se fût volontiers tué à ma place. Les officiers de l'escadron vinrent en corps me faire une visite de condoléance affectueuse. Peu de jours après, sur la sollicitation du colonel, j'étais nommé chevalier de la Légion d'honneur. La réparation fut complète. »

Le major demeura rêveur.

« Vous ne croyez pas, n'est-ce pas, mon ami ? Moi-même je me suis surpris à douter de cette évidence. J'ai vu Georges, j'en suis sûr, et je ne crois guère plus que vous ! Pourtant, major, il faut que cela soit, ou je suis insensé....

— Jamais cette apparition ne s'est renouvelée? demanda le major, que ce récit avait singulièrement frappé.

— J'ai revu Georges, répondit le général d'un air sombre, je l'ai revu la veille du jour où j'ai tué en duel le commandant Bernard de Ris. Ce soir-là, je revenais de la manœuvre ; j'étais fatigué et triste ; j'entrai brusquement dans ma chambre, éclairée seulement par la lueur d'un grand feu de branches sèches.

Georges était assis dans mon grand fauteuil de cuir.

Il se leva grave et empressé.

« Je t'attendais ! dit-il. Tu te bats demain avec le commandant Bernard de Ris, qui est un spadassin. Toi, tu négliges trop les armes. »

Georges s'appuya au mur, et je lui vis une épée à la main.

Je décrochai un fleuret et je me mis en garde.

« Fais attention, dit Georges; je vais te donner ce que Grisier appelle si galamment une leçon de duel. Tiens, voici un jeu irrésistible. Engage l'épée, ramène le pied gauche en amusant et rompant le fer; une, deux, et à fond! Bien! Mais tu ne t'es pas assez fendu.

— Je n'osais pas! » dis-je la sueur au front.

Un pâle sourire effleura les lèvres de Georges; nous recommençâmes, et cette fois, je me fendis avec tant de violence que mon épée se brisa contre le mur. J'avais traversé Georges. Mais, chose étrange, ou plutôt bien naturelle, mon fer n'avait rencontré aucune résistance.

« Bien! dit Georges. De l'œil, de la main, du sang-froid, et tu vaincras.

— Georges, m'écriai-je avec l'accent du reproche, tu vas me quitter! Qu'y a-t-il donc là-haut qui te retienne loin de moi? »

Georges secoua la tête, et je m'écriai avec violence :

« Reviendras-tu bientôt?

— Je ne reviendrai plus qu'une fois, Étienne; mais cette fois-là nous partirons ensemble! »

Et la vision s'évanouit comme une bulle d'air.

J'ai toute ma tête, continua le général avec une

exaltation croissante; mais je suis certain de ce que je dis; et moi, Vergamier, j'ai pris leçon avec un spectre, et le lendemain, j'ai tué un homme! Major, il y a longtemps de cela. J'attends la troisième visite de Georges... »

Banis ne put maîtriser un mouvement d'inquiétude; l'état fébrile du général l'inquiétait.

« Voyons, général, Étienne, revenez à vous! Vous m'avez raconté des rêves, de bonnes folies, n'est-ce pas? Il n'y faut plus songer. Vous avez besoin de calme, de sang-froid. Voici bientôt le jour.

— Major, reprit le général, en proie à un abattement profond, il y a longtemps que je n'ai vu Georges. »

Toute la troupe remonta à cheval et prit sur la gauche pour tourner l'oued torrentueux qui bornait la plaine. Le général Vergamier, frissonnant sous son caban, ne rompit plus le silence que pour transmettre à un officier des commandements brefs.

A la pointe du jour, on aperçut des feux sur les flancs du Djebel-Ammer. Ces feux indiquaient le bivac de la première colonne expéditionnaire, que Vergamier avait ordre de rallier. La jonction fut promptement opérée, et l'on mit les armes en faisceau.

La petite armée était alors campée sur le flanc

de la montagne; à ses pieds s'étendait une vaste plaine couverte d'épaisses moissons et coupée par de petits filets d'irrigation dérivés de l'oued voisin. Au revers de la montagne s'étalait un gros village arabe, dont les maisons irrégulières et construites sur une ligne désordonnée semblaient dégringoler dans la vallée, car, de ce côté-là comme de l'autre, s'étendait une triple ceinture d'épis blonds et d'herbes. De grands rochers de porphyre trachytique, bleus, noirs et blancs, surplombaient de toute leur masse; une épaisse forêt de cyprès, de figuiers et de térébinthes géants couronnait la montagne.

Au commandement de *rompez les rangs!* donné par le général Vergamier et répété par tous les officiers, les soldats s'éparpillèrent dans la plaine en criant et en riant. Quelques-uns faisaient de cette course une véritable partie de barres.

« Tiens, conscrit! cria le caporal Gobin en jetant à Gabet un paquet d'allumettes chimiques; tu vas faire ton premier coup de feu.

— Un sou le paquet! deux sous la boîte! criait un zéphyr, ancien habitué du boulevard du Temple. »

Déjà la plaine brûlait; les soldats se baissaient tour à tour. Alors l'on entendait un léger petillement dans les herbes; puis on voyait rouler d'abord horizontalement, puis se redresser et monter en spirale une colonne de fumée, d'où la flamme se dégageait ensuite comme une déesse rayonnante de splendeur et secouant sa chevelure noire. Les allumettes chimiques, — arme innocente et ridicule ici, — arme terrible et dévastatrice en Afrique, se multipliaient entre les mains des exécuteurs de la razzia. Quand la moisson fut toute en feu, la colonne se rallia pour gravir la montagne ; elle se glissa à travers les ravins et les vallées, dans une gorge transversale formée par une crevasse gigantesque du rocher, et descendit le flanc méridional du Djebel en poussant des hourras. Toujours la terrible allumette faisait éclater sa flamme verdâtre. Les genévriers se consumaient avec une forte odeur d'encens et des jets d'un gaz bleu et jaune.

Les Français n'avaient fait que descendre la pente en courant, et déjà le village arabe brûlait comme un feu de paille. Quelques Arabes sortis des maisons incendiées échangèrent des coups de fusil avec les spahis, sans beaucoup de dommages de part ni d'autre. Cependant, il y eut deux ou trois hommes blessés, et le major Banis leur donna les premiers soins, pendant que la colonne, parvenue au pied du Djebel-Ammer regagnait la vallée à l'abri d'une rampe naturelle de granit. L'incendie suivait les soldats de si près, qu'il semblait les poursuivre. Ils gagnèrent la vallée, la flamme se tordit derrière eux comme un serpent ; enfin ils firent halte sur les bords de l'oued, où les dernières traînées de feu vinrent expirer en sifflant.

Le jour était venu.

La plaine, le village et le fleuve du Djebel se confondaient dans un lac de feu, dont les vagues, poussées par le vent, atteignaient les masses profondes des forêts suspendues aux crêtes de la montagne; et bientôt le Djebel se couvrit d'un grand diadème de flammes. Le soleil, dont les rayons perçaient difficilement l'atmosphère ardente et lourde de cette fournaise, lui donnait une mate et roide couleur de cuivre rouge en fusion.

Le général Vergamier n'était plus avec son escorte. Dès le commencement de la razzia, il avait mis pied à terre et, après avoir confié son cheval à un chasseur, il s'était plu à gravir le Djebel par un âpre sentier qui demandait un œil sûr et un pied agile.

Perdu dans ses pensées, Vergamier ne remarqua pas qu'à sa droite régnaient des rocs infranchissables qui s'élevaient comme un mur entre sa troupe et lui. Cependant il entendait distinctement la crépitation de la flamme et les dernières détonations de la fusillade, répétées par mille échos, il montait toujours en s'appuyant sur son sabre.

Bientôt la flamme cessa de lui envoyer ses ardentes réverbérations; déjà le sentier tournant s'éloignait assez du ravin où défilait la colonne pour qu'il n'entendît plus ces bruits formidables de combat et d'incendie. La montagne rentra dans l'éternel silence.

Le général était arrivé à un grand plateau chargé de terre végétale, où commençait la forêt de l'Ammer. Rien de plus triste et de plus imposant que ces massifs profonds où dominait le vert obscur des cyprès au tronc gris; Vergamier s'y enfonça d'un pas rapide. Le sol était hérissé de fragments de feldspath âpres et coupants, débris des rochers broyés par une tempête. Ses pieds s'y hachaient comme au tranchant d'un rasoir. Mais Vergamier semblait devenu insensible à toute douleur physique. Il s'arrêta pourtant près d'un torrent vomi du haut d'un roc d'une élévation prodigieuse, et but une gorgée d'eau dans le creux de sa main. Puis il s'assit sur une racine moussue, et il médita longtemps.

Comme si ce moment eût été une époque solennelle, il évoqua tout son passé; il revit les plaines blanches de sa Champagne natale, et Saint-Cyr aux retraites claustrales; et Sidi-Ferruch et ses premières armes; puis Paris, baigné dans ses brumes bleues. Paris géant, Paris illuminé; et les Tuileries, où sa valeur avait été accueillie et récompensée; et le palais Bourbon, où des acclamations bruyantes avaient accueilli sa visite; et le petit salon de Nanteuil, le poëte, avec sa douce intimité et son luxe d'artiste, et tous ceux qu'il avait aimés.... et Georges.

Il releva la tête subitement.

Au-dessus de lui, rien que le rocher haut de cent toises, et des spirales d'arbres noirs; pas de ciel.

Auprès de lui, debout près d'un cyprès, un homme.

« Georges ! » s'écria-t-il.

Et il cacha sa tête dans ses mains. . . . . .

. . . . . . , ...

Dès huit heures du matin, le major Banis, inquiet de l'absence prolongée du général, fit une battue dans la montagne avec quelques spahis. Vers le milieu du jour, ceux-ci trouvèrent, au plus profond d'un ravin très-abrupte, le corps de Vergamier entièrement mutilé par une chute horrible. Les soldats pensèrent que leur général avait été précipité par quelque Arabe embusqué derrière un taillis. Mais le major Banis comprit seul qu'Étienne Vergamier avait reçu la troisième visite de Georges.

ARNOLD

ARNOLD.

Le boulevard des Italiens est véritablement le cœur de Paris, et ce cœur ne cesse jamais de battre, même quand le cerveau fatigué s'abolit dans le sommeil, quand les membres sont inertes. Le boulevard des Italiens reste habité et habitable la nuit ; comme Argus, fils d'Aristor, cinquante de ses yeux restent ouverts et flamboient quand les cinquante autres se ferment. Ce n'est pas un des moindres plaisirs du Parisien émérite, qui connaît sa ville et la déguste en fin gourmet, que de se promener par une claire nuit de septembre sur ce terrain choisi qui commence à la rue Grange-Batelière et se prolonge jusqu'à la Chaussée-d'Antin.

Arnold pouvait donc se promener à deux heures du matin, depuis le Jockey-Club jusqu'à la Maison d'Or, sans exciter l'attention des passants devenus rares. Les becs de gaz pâlissaient, comme s'ils eussent compati à la misère d'Arnold, dont le paletot râpé, plissé, déchiré, aurait excité le dédain d'un bon pauvre.

Arnold n'avait que vingt-cinq ans, mais il paraissait de trois ou quatre ans plus vieux. Son front large et proéminent se cachait sous une crinière de cheveux noirs, rudes et mêlés, comme un rocher sous les broussailles. Son nez droit et fin, son œil gris enchâssé dans une profonde arcade, sa bouche un peu grande, pleine d'ironie et de douceur, composaient une physionomie trop particulière et trop étrange pour qu'on osât dire qu'il était laid. Il portait des moustaches un peu longues et un bouquet de barbe sous la lèvre. Avec le paletot que nous avons sommairement indiqué, un chapeau hérissé, un foulard rouge et jaune en cravate, un vieux gilet bleu-clair, un pantalon de lasting à carreaux et de gros souliers ferrés composaient tout son ajustement.

Heureusement donc il était deux heures du matin; le boulevard soupait et ne regardait pas aux fenêtres. Arnold pouvait rêver à sa guise; et il rêvait bien tristement, je vous le jure, car il n'avait pas dîné, et il ne savait pas s'il déjeunerait.

Vers huit heures du soir, la faim l'avait pris et il était allé chez son père, qui demeurait à l'extrémité orientale de l'île Saint-Louis. Son père lui avait refusé vingt sous, parce que, disait-il, il était à bout de sacrifices.

« Je te dirais bien de manger un morceau, avait ajouté le père d'Arnold, mais nous avons dîné à six heures et il n'y a rien ici. La bonne est couchée, on ne peut pas la déranger, cette fille! d'ailleurs il faut qu'elle se lève à six heures pour aller à la halle. »

Arnold avait regardé sa mère, et sa mère l'avait compris. Mais le père d'Arnold, qui n'entendait pas que sa femme entretînt leur fils dans ce qu'il appelait sa fainéantise, avait surveillé si exactement les moindres gestes de la pauvre femme, qu'elle n'avait pu glisser à Arnold la faible somme qu'il sollicitait. Et comme sa jeune sœur était couchée, sa Cécile chérie, Arnold avait bien vu qu'il n'avait rien de mieux à faire qu'à s'en aller et à rentrer chez lui, sauf à rencontrer en route un ami plus heureux et moins léger d'argent, qui consentît à faire deux parts de sa bourse.

Mais il n'avait pas trouvé le Pylade souhaité, et cependant il n'avait pu se résigner à se renfermer dans sa chambre, en tête à tête avec la faim. Il était faible, très-faible, mais il ne souffrait pas; la faim a son ivresse, et en attendant qu'il tombât de syncope, Arnold avait des songes heureux.

Que rêvait-il? ni or, ni argent, ni luxe, ni maîtresses, ni honneur. Il rêvait un atelier bien clos et bien clair, largement ouvert au soleil et fermé à la bise, des toiles bien serrées, des brosses fines et souples, des couleurs fraîches et vivaces, de gros crayons et un grand chevalet : que rêvait-il encore ? Un morceau de pain pour le matin, un pain tout entier pour le soir et de l'eau fraîche. Quant à la gloire, je crois qu'il n'y pensait pas.

Après une enfance oisive et extatique, Arnold, à vingt ans, avait voulu être peintre; et il l'était devenu, malgré tout et malgré tous; malgré la nature, qui l'avait fait paresseux et poëte; malgré le sort, qui ne lui avait pas donné le pain quotidien; malgré son père, qui lui avait montré du doigt à l'horizon un grabat d'hôpital, et qui, pour hâter l'accomplissement de sa prophétie, lui refusait ce qu'on accorde au chien errant qui vient hurler sous vos fenêtres.

Nous pouvons le dire, nous qui l'avons connu, car cette histoire est vraie, Arnold était un grand artiste. Sans études, sans secours et presque sans travail, il avait deviné l'art, inventant pour lui seul ce que la tradition lui eût livré par la bouche d'un maître, changeant les procédés connus et les remplaçant par ceux qu'il avait créés, et il était arrivé à une manière originale, large et saisissante, mais qui eût épouvanté à bon droit les académies et les écoles.

Le père d'Arnold n'était pas académicien, tant s'en faut, mais il était peintre en miniature.

Cette plaisanterie du hasard perdit Arnold. Son père ne vit pas en lui seulement un mauvais sujet, un vagabond, un rêveur qui ne rapporterait jamais l'argent qu'il coûtait à sa famille; les préjugés de métier, la rivalité de peintre à peintre s'en mêlèrent. La miniature est un art fort éloigné de celui des Rubens, des Véronèse et des Delacroix, mais les miniaturistes ne le savent pas. Ils ont des prétentions énormes aux connaissances artistiques et critiques; Arnold était pour son père un mauvais fils et un mauvais peintre.

Cet homme ne pouvait rien comprendre aux hardiesses d'un génie libre et fier qui s'ignorait lui-même et brillait surtout par une fougue et une passion qui touchaient à la violence. Les masses d'ombres fortement accusées, les lumières franches, très-hardies et très-crues, le dessin très-neuf, très-imprévu, les touches sauvages et singulières qui eussent fait dire à un maître : — Celui-ci est des nôtres, — apparaissaient au père d'Arnold comme d'énormes folies, comme des monstruosités sans exemple; il ne pensait même pas que son fils fût fou; mais il disait : Arnold est idiot! Bien pis, il le disait tout haut, sans se soucier du trouble et de l'amer chagrin qu'il pourrait jeter dans l'âme d'Arnold.

« Tu n'es qu'un barbouilleur, lui disait-il souvent, tu ne saurais même pas peindre une enseigne, et tu te permets de critiquer Gérard et David. Cela fait pitié, et je devrais t'envoyer hors de la maison pendant un ou deux ans, manger de la vache enragée ; tu verrais si tes barbouillages te rapporteraient seulement de quoi boire un verre d'eau. »

Malheureusement le miniaturiste ne s'était pas borné à ces ridicules injures.

Arnold aimait sa sœur avec tendresse ; quinze jours avant la Sainte-Cécile, c'est-à-dire dans la première semaine du dernier mois de novembre, il s'était mis courageusement à l'œuvre dans une espèce d'appentis laborieusement transformé en atelier, grâce à la connivence de la portière ; et le jour de la fête, il avait mis sous les yeux de son père étonné un admirable portrait de Cécile, peint avec un pur enthousiasme et une suavité de pinceau dignes du Corrège.

Le lendemain Arnold ne vit plus au logis le portrait de sa sœur ; et Cécile, tout en larmes, lui avoua que leur père avait fait mettre le portrait au grenier, déclarant qu'il ne voulait pas déshonorer son nom en laissant exposée chez lui une misérable toile.

Arnold prit son parti ce jour-là, et il quitta la maison paternelle, pour n'y plus revenir. Il avait fait pour son ami, le poëte Émile de Nanteuil, le portrait de feu M. de Nanteuil père, et quelques esquisses généreusement payés. Cet argent lui servit à louer, tout en haut de la rue des Martyrs, une mansarde, qui, grâce à sa croisée en tabatière, avait un faux air d'atelier. Il y mit un lit de sangles, deux chaises, une table boiteuse, paya deux termes d'avance, mangea sept mois durant des pommes de terre et but de l'eau, avec la tranquillité suprême et l'orgueilleuse résignation de l'homme qui a la conscience de son génie et pressent son apothéose.

C'est pendant ce temps de labeur et d'épreuves qu'il fit ces belles copies de Rubens et du Titien, et ces charmantes esquisses, éblouissantes de tous les diamants d'une exécution prestigieuse, qu'il donna sans compter à Émile de Nanteil, à Calixte de Lingulis, à Pinchamp, à Joseph d'Etienne et à quelques autres, et que le commerce recherche avidement aujourd'hui.

Nanteuil, Pinchamp, Lingulis, lui avaient tour à tour prêté de petites sommes, aussitôt employées en achats de brosses et de couleurs. Arnold produisait toujours, sans se demander ce qu'il ferait de toutes ces toiles peintes qui s'accumulaient ignorées, le jury lui ayant péremptoirement refusé le grand jour de l'exposition.

Nous n'avons que faire de raconter ici les détails de la lutte qu'Arnold avait courageusement soutenue contre la misère et dont on voit le résultat : une promenade au clair de la lune, à deux heures du matin, la faim au ventre et le diable à la poche.

Arnold, tout étourdi, commençait à perdre la connaissance du monde extérieur ; il se sentait fondre dans une extase pareille à celle de l'opium et du hatchich, moins la fatigue nerveuse et la souffrance; il s'adossa contre une colonne affiche, et, les deux mains dans les poches de son paletot, il ferma les yeux.

Deux jeunes gens passaient ; ils s'enveloppaient tout frileux dans de vastes twines et activaient furieusement la flamme de leurs cigares odorants. Il commençait à faire froid.

« Tiens! dit l'un d'eux, voilà un pauvre diable qui dort tout debout, il va tomber!

— Il est bien heureux de pouvoir dormir debout! dit l'autre. Il a résolu un problème important pour la garde nationale! dormir en faction!

— Il ne dort plus, reprit le premier. Attendez donc! Il me semble que c'est Arnold! Oui, parbleu! c'est bien lui! Arnold! Arnold!

— Vous voilà, vous? dit Arnold en se détirant comme un homme qui s'éveille en sursaut. Il y a bien longtemps que je ne vous ai vus ni l'un ni l'autre. Où allez-vous à cette heure-ci?

— Nous allions souper pour nous distraire. Et toi?

— Je cherchais à me distraire pour mieux oublier de souper.

— Viens avec nous.

— Où ça?

— Qu'est-ce que ça te fait?

— Je suis trop mal mis.

— Quelle niaiserie! Allons, viens! »

Émile de Nanteuil et Calixte de Lingulis menèrent Arnold dans le cabaret le plus renommé du boulevard des Italiens; bientôt des vins choisis et les prodiges d'une cuisine raffinée ranimèrent le pauvre peintre; mais sa tête, ébranlée par un long jeûne, succomba tout d'abord; et ses hôtes avaient à peine trempé leur lèvre dans un verre de vin de Nuits, qu'Arnold éprouvait les premiers symptômes de l'ivresse. Son malaise augmenta rapidement.

« Mettons-le sur le divan, dit Calixte, et finissons tranquillement de souper.

— Ce pauvre garçon, dit Nanteuil, il est bien pâle.

— Il a beaucoup souffert, reprit Calixte; le voilà presque assoupi. Dans une heure nous l'éveillerons, et je le reconduirai chez lui. Je veux lui demander s'il a vu les trois grandes toiles que Champflour envoie cette année au jury.

— Ferez-vous un salon cette année? dit Nanteuil.

— Oui, j'ai un traité avec la *Revue de*..... Arnold me sera fort utile. Il a sur la peinture quantités d'idées neuves qu'il ne sait pas développer et qui n'ont besoin que d'être mises en œuvre avec quelques restrictions.»

Arnold dormait du lourd sommeil de l'ivresse; il respirait péniblement, et ses pommettes se marbraient de plaques rouges; une légère écume traçait une ligne blanche entre ses lèvres pâles et serrées.

Quand Lingulis et Nanteuil eurent fini de souper, ils voulurent éveiller leur ami; mais ils n'y parvinrent pas. Arnold murmurait et grognait, mais sans vouloir ouvrir les yeux.

« Ma foi, dit Lingulis, laissons-le dormir; il est aussi bien là que chez lui; prévenons le garçon, voilà tout.

— J'irai le voir demain matin, dit Nanteuil : je veux lui demander le portrait de mon oncle, le général Vergamier, ça lui fera toujours gagner quatre ou cinq cents francs. »

Les deux écrivains partirent, et Nanteuil chargea le garçon de prévenir Arnold de sa visite.

Quand Arnold ouvrit les yeux, il était environ cinq heures du matin, et les longs corridors du restaurant à la mode s'emplissaient d'éclats de rire et de chants joyeux, qui contrastaient d'une manière singulièrement lugubre avec le silence absolu de la rue. Arnold regarda autour de lui d'un air hébété : il ne retrouvait plus le fil de ses actions. Enfin il se rappela la rencontre inespérée qu'il avait faite; et, sans pouvoir s'expliquer le départ de Lingulis et de Nanteuil, il sortit du petit cabinet où ils avaient soupé. Un flot de lumière et de bruit s'échappait du salon voisin, et Arnold aperçut, par la porte entr'ouverte, des jeunes gens débraillés, des femmes en toilette de bal, qui laissaient tremper dans la coupe de cristal les fleurs de leur coiffure. C'était un pêle-mêle de robes souillées, de flacons renversés, de serviettes jetées au hasard et suspendues aux accidents de la muraille, de vins répandus, de cheveux déroulés, des visages défaits et des yeux provoquants.

Arnold vit tout cela d'un coup d'œil ; l'orgie lui apparut dans sa puissance et dans sa nudité. Il poussa un grand cri, qui se perdit sous les clameurs d'un chant obscène. Il n'entendit pas le garçon qui l'appelait pour s'acquitter du message de Nanteuil ; il descendit l'escalier plus vite que si l'enfer l'eût poursuivi ; arrivé au seuil, il respira comme s'il sortait d'une fournaise, et il remonta la rue Laffitte en battant les murailles.

Lorsqu'il eut gravi la rue des Martyrs et les six étages qui séparaient sa mansarde du sol, Arnold chercha, à la lueur d'un vague rayon de lune, des allumettes pour allumer sa chandelle. Il se souvint tout d'un coup qu'il n'avait ni allumettes ni chandelle, et le spectre horrible de sa misère se dressa plus hideux que jamais. En faisant un mouvement pour se déshabiller, il renversa l'échafaudage fragile de cartons, de règles et de planchettes, ingénieux chevalet qui lui avait demandé beaucoup d'invention et de patience.

La colère le prit. Il se jeta tout d'une pièce sur le lit de sangles ; le lit craqua et tomba, laissant l'unique matelas au milieu des matériaux dispersés du chevalet.

« Je ne puis pas même me coucher ! se dit Arnold. Au surplus, je ne dormirais guère maintenant, mais j'ai le corps brisé. Il fait beau ! pensa-t-il en regardant le pan du ciel que lui découpait sa lucarne ; la lune brille ; quelle lumière douce et pure ! Je veux voir un peu ce qui se passe là-haut. »

Il ouvrit la tabatière, et s'aidant des pieds et des mains, il se hissa jusqu'au toit, sur la pente duquel il tenta vainement de s'asseoir. Les tuiles étaient trop glissantes. Il avisa un grand tuyau de cheminée, un de ces tuyaux en brique, larges, carrés, presque monumentaux, qui couronnent presque toutes les maisons de Paris. Il l'escalada en s'appuyant au fer de la lucarne, et il se mit à cheval sur l'orifice.

Il regarda au-dessous de lui, et il ferma instinctivement les yeux. A soixante-dix pieds de profondeur, le pavé de la rue dessinait sa marqueterie régulière. Dans la brume bleue de l'horizon se dressaient en masses d'un bleu sombre les grands monuments de Paris.

Arnold rouvrit les yeux et contempla avec plus d'assurance l'abîme béant sous ses pieds.

— D'ici, on serait sûr de son affaire! murmura-t-il.

De la terre, ses yeux se tournèrent vers le ciel. La lune, pleine et brillante, blanchissait le ciel de ses pâles rayons.

— Lune, Lune, es-tu donc mon amie, que tu me souris ainsi? dit Arnold. Lune, tu ne me connais pas, comment m'aimerais-tu? Et cependant tu serais une confidente discrète, et j'ai bien envie de te conter mes amours, une histoire que je n'ai dite à personne, ô Lune, et que je ne répéterai pas. »

Il se pencha du côté gauche et laissa flotter une de ses jambes dans l'abîme, hardi nageur qui tâtait l'immensité.

« Non, je tiens à la vie! reprit-il en étreignant de nouveau les parois de la cheminée, comme on serre entre ses genoux un cheval indompté. Lune, Lune, vous êtes bien curieuse, et voilà que vos grands yeux effrontés me demandent mon secret! Je vais vous le dire, m'amie, écoutez-moi :

« Mon enfance a été heureuse et tranquille. Je n'aimais pas la science; on ne m'a pas contraint d'apprendre. Mon père m'a permis d'être ignorant ; que Dieu le récompense ! Je n'étais pas ce qu'on appelle un méchant enfant. J'aimais le grand air, les plaines, les arbres, l'eau et le ciel, tout ce qui donne la lumière, tout ce qui la reflète. Quand nous nous promenions en famille dans les environs de Paris, mon seul bonheur était de me coucher sur le dos, et de regarder fixément le soleil. J'en faillis perdre la vue. Te dire tout ce que j'entrevoyais d'éblouissantes images dans la profonde splendeur de ce globe enflammé, tu dois le comprendre, ô Lune, toi qui, depuis l'origine du temps, le comtemples face à face, et qui tires de lui ton reflet argenté. Et ce que tu comprendras encore, c'est mon désespoir infini, le jour où je dus, sous peine de devenir aveugle, me résigner à porter des lunettes bleues ! Que dirais tu, Lune, si l'opticien céleste te condamnait à ce supplice ?

« Eh bien ! en traversant cette prison bleue, mes regards découvraient d'autres gammes de ton, bizarres et mélancoliques comme les rêves bleus des dragons japonais. Mais le soleil bleu, les eaux noires, l'or verdâtre et les roses violettes attristaient ma vie. Je pris une grande résolution et je jetai mes lunettes bleues dans un puits.

« Tu ris, Lune, et je vois s'élargir ta bouche sans lèvres, cette mer profonde ! Ou plutôt, je le vois, tu es impatiente, et tu crains que je ne fasse un prologue trop long pour un drame si peu intrigué.

« J'ai eu une maîtresse, ô Lune; enfant, je l'ai rêvée; homme, je l'ai possédée, et la possession m'a rendu plus amoureux; je ne lui fus jamais infidèle, et elle ne m'a jamais trompé. Cette maîtresse unique, mais toujours nouvelle comme la nature, c'est la Couleur, c'est la Lumière, la splendeur visible de Dieu. Nul amant n'a mieux analysé que moi les charmes de sa maîtresse, et mon œil a su la surprendre sous ses aspects les plus charmants. Je la vois partout et toujours, le jour et la nuit, dans le sommeil comme dans la veille; je la vois dans les grands horizons de nuages verts que borde une frange d'or; je la vois dans le cristal que le bout d'un rayon de soleil touche comme une baguette de fée; je la vois dans le fleuve sombre où les grands monuments plongent leur faîte endormi; je la vois folâtrer sereine dans les tresses blondes de ma jeune vosine, qui travaille dès l'aube et chante comme un oiseau; je la vois en toi, Lune, dont le visage effaré s'est pâli à force de courir la nuit parmi les astres; je l'ai vue tout à l'heure dans les robes défaites des femmes perdues, dans la flamme ardente des candélabres, et dans la jaune transparence des vins balsamiques du Rhin. Je l'ai vue ce soir à minuit, quand je rêvais la faim sur le boulevard des heureux et des riches; mais elle m'apparaissait voilée d'un crêpe sous lequel je distinguais de larges taches de sang. »

Arnold se balançait méthodiquement sur le périlleux édifice; il s'étourdissait dans cette oscillation régulière et croissante; et sa tête, portée en avant, dépassa un instant la marge sombre du toit. Il se rejeta en arrière avec horreur.

« Oui, reprit-il avec une sorte d'égarement, et en regardant toujours sa muette interlocutrice, si je n'avais pas rencontré Nanteuil et Lingulis, je serais maintenant étendu sur la dalle froide ou couché sur la paille, sous le toit hospitalier de la préfecture de police. Mon père aurait-il eu quelque pitié? Je n'en sais rien; mais je ne le maudis pas, il m'a enseigné, à une rude école, la sobriété et l'abstinence. Quand je me rappelle certains jours et certaines semaines, je me demande comment je conservais la force de conduire ma brosse ou mon crayon. Lune, dis-moi donc, est-ce qu'on vit de génie?

« Voilà que tu souris encore, parce que je suis un orgueilleux. Mais je ne me trouble pas pour un de tes sourires, et mon orgueil m'est cher; sans lui je mendierais mon pain ou, ce qui serait plus terrible, je mangerais à la table de mon père, et la chair de mes entrailles et le plus pur de mon sang feraient les frais de ces festins.

« Non! non! cria-t-il d'une voix qui aurait dû réveiller Paris comme les éclats de la foudre, non! puissé-je périr avant le temps, plutôt que de survivre ma grandeur cachée! Monde, tu n'es pas injuste; monde, tu n'es pas ingrat, car je n'ai rien fait pour toi; monde, tu es seulement aveugle et sourd, car tu n'as pas vu ma détresse, car tu n'entends pas mes cris de rage! »

Et l'insensé agrandissait toujours le rayon de son balancement sinistre.

Un léger bruit se fit entendre : le propriétaire d'une maison voisine venait d'ouvrir sa fenêtre; l'aube naissante l'avait éveillé, et il venait consulter son thermomètre, curiosité de bourgeois qui veut savoir si les matinées sont fraîches.

« Quelqu'un m'entendrait-il? hurla Arnold en s'agitant avec furie. Qui veut accepter l'échange? mon génie et ma vie entière contre des couleurs et du pain! »

Son corps avait glissé le long des briques; il ne se tenait plus que des mains, et il oscillait comme un pendule qui agonise.

« Au voleur! au voleur! cria une voix aiguë; au voleur! »

Le petit vieillard venait d'apercevoir Arnold.

Des fenêtres s'ouvrirent aux environs; les cris devinrent une clameur; on vit saillir des têtes étranges et grotesques.

« Au voleur! au voleur! » cria-t-on de toutes parts.

Arnold lâcha subitement son dernier point d'appui; ses deux bras s'étendirent en avant comme des ailes, et il tomba le front sur le pavé. . . . . .

. . . .

. . . .

. . . .

. . . .

Calixte de Lingulis vint à huit heures pour inviter Arnold à déjeuner; et il rencontra sur le palier Émile de Nanteuil qui apportait cinq cents francs à Arnold, parce que le général Vergamier avait voulu payer d'avance son portrait. Cet argent, qu'Émile ne voulut pas reprendre, servit à faire à Arnold des obsèques décentes; mais il n'eut pas même les honneurs posthumes que les contemporains décernent aux grands artistes qui sont morts trop vite et trop tôt. Arnold n'appartenait à aucun atelier, à aucune école; et mort, il est resté inconnu, excepté de quelques brocanteurs qui ont acheté un millier d'écus les huit toiles que son père a trouvées dans la mansarde de la rue des Martyrs.

Le père d'Arnold arbore un deuil officiel, et il a coutume de dire, quand on lui parle de son fils :

« La France ne connaîtra jamais toute l'étendue de la perte qu'elle vient de faire. »

Calixte de Lingulis n'a point fait de salon cette année.

L'ENFANT DE BOIS

L'ENFANT DE BOIS.

I

Devant le château de Hofen, s'étendait autrefois un bois de cyprès, qui formait comme une tenture de deuil à son imposante façade. Les comtes de Hofen, rudes gens de guerre, s'accommodaient de ce lugubre ornement; mais vers 1780, époque où la noblesse allemande commença de prendre les façons élégantes de la cour de France, Léopold de Hofen, l'unique rejeton de sa race, acheva ce que son père avait commencé, et sous les haches des bûcherons tombèrent les cyprès séculaires.

Un seul resta debout.

C'était un grand arbre, fort et altier, de l'espèce

rare nommée *cyprès distique*. Son tronc colossal, que trois hommes n'auraient pu embrasser, s'élevait droit vers le ciel, en diminuant par une ligne insensible, jusqu'à n'avoir plus, au faîte, que la grosseur d'une jeune pousse. Il étalait au soleil ses branches alternées, chargées de feuilles d'un vert gai ; car le cyprès distique n'a pas l'aspect grisâtre et mortuaire des autres membres de sa famille. Sa vue n'inspirait point la mélancolie, et les petits oiseaux ne dédaignaient pas de folâtrer à travers ses rameaux épais.

Cependant, un arbre si rare, et qui était pour ainsi dire un personnage parmi ceux du canton, aurait péri comme les autres, car le destin frappe indistinctement les faibles et les forts, s'il n'eût été protégé par une puissance surnaturelle. Longtemps le grand cyprès de Hofen, on l'appelait ainsi par honneur, avait inspiré aux bûcherons un respect involontaire. On le taillait chaque année, comme ses confrères, pour qu'il poussât plus sain et plus dru ; et ses débris avaient la vogue. Les paysans les recherchaient, parce que son bois se prêtait merveilleusement au travail du couteau. On sait qu'en Allemagne c'est une occupation naturelle aux pauvres gens, que de sculpter dans le bois des figures, des poupées, des couteaux, des assiettes, des boîtes et des tabatières ; or, le grand cyprès de Hofen avait un bois dense et flexible, d'une couleur rouge si belle qu'elle approchait de la riche pourpre du sang; et les bûcherons affirmaient que nul bois dans toute l'Allemagne n'était aussi favorable à la sculpture des casse-noisettes et autres figures grotesques qu'on vend à Nüremberg.

La voix publique n'avait pas manqué de lui attribuer des propriétés surnaturelles. On pensait vaguement que le démon familier ou plutôt l'ange gardien des comtes de Hofen y avait établi le siége de sa puissance; en un mot, on croyait que cet arbre était fée.

Aussi était-ce un gars bien hardi que Hans Bar, le bûcheron du Geistberg. Autrement, comment aurait-il osé porter le premier coup de hache dans ce tronc vénéré? Je sais qu'il n'en porta pas deux, parce qu'à peine le fil de l'acier eut-il tranché l'écorce grise et raboteuse, qu'un jet de séve rouge en sortit en fumant comme du sang humain.

Hans recula, fit le signe de la croix, et alla jeter sa hache au plus profond de la Weiserquelle, qui est une fontaine de ce pays-là, dont l'eau se perd dans un gouffre dont on connaît l'issue. Si Hans était hardi, il était sage, et savait que rien ne porte malheur comme d'affronter les esprits qui n'agissent que par l'ordre et la permission de Dieu.

Du moment que Hans Bar avait reculé devant la besogne d'abattre le grand cyprès de Hofen, il est bien entendu que personne n'osa s'en charger, et l'arbre séculaire resta debout. A vrai dire Léopold de Hofen n'en montra que peu de souci; il remarqua même que ce roi des forêts, placé comme un géant en sentinelle devant la grande porte, conservait au manoir une physionomie noble qui flatta son orgueil féodal.

Ce seigneur ne passait point pour un méchant homme; on le tenait même pour affable, libéral et secourable aux malheureux. Mais combien d'hommes portent toutes leurs vertus au dehors et ne gardent pour la vie privée que le rebut de leur âme! Le comte Léopold n'avait jamais refusé l'aumône à un mendiant, ni l'hospitalité à un voyageur; il remplissait avec exactitude ses devoirs religieux; en un mot, il ne donnait que de bons exemples à ses vassaux. Et cependant, cet homme obéissait à la plus vile des passions, la cupidité qui n'est pas la même chose que l'avarice, en accablant des traitements les plus durs sa fille Hélène, seule enfant que lui eût laissée la défunte comtesse de Hofen.

Hélène était une charmante petite fille, brune avec des yeux bleus, mais pâle comme un enfant sans mère et douée de cette mélancolie qui éclaire, pareille aux rayons du soleil couchant, le front de ceux qui doivent mourir jeunes.

Elle avait neuf ans accomplis. A cet âge, l'âme des petites filles est pleine d'expansion et comprend à merveille les oies infinies de l'amour filial; mais le comte n'aimait pas Hélène, ou plutôt il ne l'aimait plus. Hélène était l'héritière de sa mère; par ainsi, l'immense fortune de la défunte comtesse échappait au comte Léopold, réduit par les événements des dernières guerres, au maigre patrimoine de ses aïeux.

Cette pensée rongeait l'esprit du comte, elle emplissait chacune de ses nuits sans sommeil et le domina bientôt, comme fait toute mauvaise pensée qu'on ne chasse pas délibérément. Un jour, il regarda Hélène avec une expression singulière de mécontentement et de chagrin; un autre jour, comme la petite s'avançait pour l'embrasser, il la repoussa rudement. Hélène pleura silencieusement, et timide comme elle était, elle n'osa, le lendemain, présenter ses joues roses au baiser paternel. Dès ce jour, elle n'obtint plus la moindre caresse; elle en vint à désirer de ne plus même obtenir un regard, car l'œil du comte l'attristait et lui faisait peur.

En plus de cette grande douleur, Hélène avait encore à supporter les espiègleries venimeuses de Sigismond son frère, né du second mariage de Léopold de Hofen avec une bourgeoise de Vienne. La seconde comtesse de Hofen ne maltraitait pas Hélène, et se bornait à l'honorer d'une complète indifférence. Cette honnête dame, d'une vertu tranquille et un peu revêche, passait sa journée dans sa chambre, à tricoter, pour son mari, des bas dont il n'avait que faire; cette circonstance explique le rôle tout à fait secondaire que Gudule de Hofen jouera dans ce récit.

Sigismond était le vrai démon de la famille. Méchant comme un singe, agile comme une souris, il tirait parti de la préférence marquée que lui témoignait son père, pour tyranniser Hélène et lui faire souffrir mille maux. Il ne voulut jamais lui donner le doux nom de sœur; en cela il se rendait justice, il ne méritait pas d'être le frère de cet ange.

II

Hans Bar exerçait habituellement le métier de bûcheron. Je dis habituellement, car, dans l'opinion de ses voisins, Hans Bar possédait d'autres ressources, en ce qu'il entretenait un commerce mystérieux avec les esprits de la montagne. Ces esprits n'étaient point sans doute des esprits malfaisants ni pernicieux, car ils avaient refusé à Hans le don des richesses et l'avaient maintenu dans la grande simplicité de cœur qui convient aux vrais savants. Hans n'était pas un sorcier, dans l'acception ordinaire de ce mot; seulement, il était arrivé, par l'étendue de son esprit contemplatif et rêveur, jusqu'à la connaissance des êtres surnaturels qui disposent des forces vives de la terre, et qui habitent dans le creux des rochers, dans la moelle des arbres, dans le calice de la fleur, dans le sein de la vague ou dans les cristaux du sel, chacun selon sa destinée.

Ils ne jugèrent pas à propos d'accorder à Hans un pouvoir particulier et supérieur aux facultés ordinaires de ses semblables. Seulement, ils l'aimaient comme un homme sans fiel et plein d'amour pour la nature ; ils s'entretenaient familièrement avec lui ; tantôt lui donnant de sages avis, de précieux conseils, ou lui révélant des choses importantes et secrètes, selon qu'ils le jugeaient utile pour le bien de leur protégé.

Hans se conduisait avec eux d'une façon discrète ; il ne les importunait point de questions oiseuses ou téméraires ; et tout le profit qu'il en voulait tirer se bornait à trouver plus facilement et plus vite les nids de cygnes sauvages dont il faisait un petit trafic, et les tiges de sapin, de poirier, de buis, de cyprès ou d'érable propres à tailler des figures et des manches de couteau. Quand venait l'hiver, Hans serrait son couteau d'imagier et reprenait la cognée du bûcheron.

Il s'était construit une cabane isolée au bas d'une petite colline ; sa réputation de magicien n'effrayait pas les gens d'alentour, et on le consultait sur les choses présentes ou futures. Quoique un peu taciturne et farouche de sa nature, Hans accueillait bien les visiteurs, mais jamais il n'accepta la moindre récompense, ce dont les esprits le louèrent fort. Il avait peur que l'or et l'argent ne le corrompissent, et ne le missent sur la mauvaise voie des chercheurs de trésor, gens avides et forcenés, qui, à la fin, perdent leur âme et sont damnés sans rémission.

Mais il ne suffit pas toujours d'être sage pour être heureux ; le désintéressement de Hans fâchait l'avide Sabina sa femme. Elle n'avait jamais compris que Hans refusât les florins et les kreutzers qu'on lui offrait en abondance. Sûrs qu'ils étaient de ses refus, les gens du pays allaient jusqu'à lui proposer de gros frédéricks d'or ; mais rien n'ébranlait la résolution de Hans Bar, et Sabina s'emportait en invectives et en malédictions contre lui.

Hans supportait en silence la mauvaise humeur de Sabina ; il bourrait tranquillement sa pipe et s'absorbait en méditations intérieures. Il était accoutumé aux éclats de voix et aux grommellements de sa compagne, comme au murmure d'un rouet. Cependant, quand il sentait sa patience à bout, il se permettait de hausser les épaules, puis il gravissait la colline chargée d'arbres verts et touffus, et retrouvait promptement son calme dans la société des bons génies.

En quinze années de mariage, Sabina avait donné quatorze enfants à son mari. Hans lui portait une grande affection et un respect plus grand encore.

Sabina ou Binchen, comme on l'appelait familièrement, abusait de ces droits si laborieusement acquis. Mais parvenue à l'âge de cinquante ans et voyant ses cheveux blonds prendre chaque jour une nuance plus pâle, elle commençait à craindre que son empire ne s'affaiblît. Malheureusement, son vulgaire bon sens n'allait pas jusqu'à lui conseiller d'assouplir son humeur, et elle se montrait de jour en jour plus maussade et plus acariâtre.

Hans, jusqu'alors, n'avait jamais éprouvé que de bons sentiments. Il était réservé à la grondeuse Binchen d'apporter le trouble dans cette âme candide. Non-seulement elle saisissait avec avidité toutes les occasions de querelle, mais encore elle les faisait naître.

« Fainéant! disait-elle; voyez le beau songe-creux, qui va baguenauder sur la montagne, au lieu de travailler pour soutenir sa femme et donner du pain à ses quatorze enfants!

— L'or ne vaut pas la sagesse! » répliquait gravement Hans Bar.

Et lorsque enfin, poussé à bout, il faisait mine de se révolter contre cette tyrannie, elle lui cousait la bouche avec ces paroles magiques :

« Est-il permis de traiter ainsi une malheureuse femme qui vous a donné quatorze petits enfants! »

Hans Bar se reconnaissait vaincu par cet argument conjugal; mais un sentiment singulier s'élevait alors dans son cœur. Il se surprenait à être jaloux de Binchen ; il se plaignait amèrement de la Providence, qui donne aux mères un droit sacré et presque exclusif sur l'enfance. L'amour paternel ne suffisait plus à cette âme primitive, capable d'aimer à la fois comme un père et comme une mère. Il eût voulu que Binchen n'eût rien à prétendre sur ces quatorze enfants. Dès lors il nourrit un projet qui lui parut seulement bizarre et hardi, mais que nous jugerions extravagant, nous qu'un détestable esprit de scepticisme a pour jamais privés de la connaissance des êtres supérieurs.

Il gravit vers le milieu du jour la plus haute cime du Geistberg. C'est un lieu désert et sauvage, un plateau desséché, couvert de bruyères grises, qui crient sous le pied comme des charbons éteints. Tout autour, l'œil embrasse les flancs du Geistberg, couverts d'arbres verdoyants et de bouquets de chênes rabougris, qui s'étendent jusqu'à la plaine, semblables à des plantes grimpantes. En regardant attentivement du côté du midi, on aurait vu un léger cordon de fumée sortir d'un buisson vert. C'était tout ce qu'on pouvait voir de la cabane de Hans Bar.

Au milieu du plateau s'élevait, comme un monument, une pierre colossale appelée la Zauberstein. Elle avait la forme d'un cône renversé, enfoncé en terre par la pointe, et sa partie supérieure était aplanie en forme de table. La tradition voulait que les fées fussent venues danser en rond sur cette pierre enchantée.

Lorsque le soleil eut marqué midi précis, la Zauberstein commença à tourner lentement sur sa base en produisant un son prolongé, semblable au son de la flûte douce ou de l'harmonica.

Hans Bar se mit à genoux.

Peu à peu le son s'enfla, devint éclatant, s'articula comme la voix humaine, et Hans Bar entendit ces paroles, formule habituelle des esprits du Geistberg :

« Serviteur des Esprits, que souhaites-tu des serviteurs de Dieu ?

— Qu'ils ajoutent à ma vie la vie d'un enfant nouveau-né.

— N'es-tu pas satisfait et ne revis-tu pas déjà quatorze fois dans les quatorze enfants que t'a donnés Binchen, la femme simple ?

— Ce que je demande, ô serviteur de Dieu, c'est la grande œuvre, la transformation de la vie ; c'est le souffle fertile, le mouvement et l'étincelle divine pour une vaine statue, pour un emblème grossier et mort.

— Hélas ! soupira la voix de la Zauberstein, c'est une entreprise souvent tentée depuis Prometheus jusqu'au docteur Faust. Elle nous a toujours été fatale.

— Les serviteurs de Dieu refusent-ils donc de me venir en aide ?

— Les serviteurs de Dieu ne refusent rien aux serviteurs des Esprits ; car les hommes simples et bons qui ont la connaissance, tiennent dans leur dépendance les serviteurs de Dieu. »

La Zauberstein tourna plus péniblement sur sa base ; la voix s'affaiblit et grinça comme une porte qui tourne sur des gonds rouillés, puis elle s'éteignit en même temps que la pierre enchantée redevenait immobile.

Le soleil venait de disparaître sous un nuage.

Hans Bar se releva, et, descendant la montagne du côté opposé à sa demeure, il alla s'asseoir à l'ombre épaisse du grand cyprès de Hofen : il invoqua l'Esprit des arbres.

Cette conjuration faite, il se baigna dans les eaux mystérieuses de la Weiserquelle. Puis il rentra à son logis. Les instances de Binchen ne purent le décider à prendre quelque nourriture, car certaines opérations magiques exigent le jeûne le plus strict.

Il s'assit dans son grand fauteuil de cuir, s'approcha du feu, et, la tête renversée dans l'attitude du repos, les mains jointes sur la poitrine, il médita toute la soirée sans prendre garde aux sourds maugréements de Binchen, ni aux cris de ses quatorze enfants. Enfin, vers dix heures et demie du soir, Hans sortit de sa rêverie ; il remit son grand bonnet, prit sa meilleure hache, sa serpe la plus tranchante, son couteau le plus fin, et s'apprêta à sortir.

Binchen l'arrêta.

« Où vas-tu à pareille heure, mauvais homme? lui dit-elle. Tu vas faire quelque vilain coup, t'exposer aux malices des lutins du soir, qui te jetteront des pierres ou te feront rouler dans le torrent.

— Binchen, dit le sage Hans, ce que fait le sage est bien fait. Si je sors à cette heure avancée, c'est que je n'ai rien à craindre. Dieu veille sur celui qui le vénère et qui le prie. Les lutins ne s'occupent pas de moi. Ils savent que je suis à l'abri de leur méchanceté. Les feux follets m'éclaireront pour m'empêcher de tomber dans la ravine, et si je me laisse choir dans le torrent, l'Esprit des eaux me prendra sur sa forte épaule et me remettra dans mon chemin.

— Hans! Hans! un honnête homme, un bon époux ne va pas la nuit courir les monts et les bois; il ne laisse pas en proie aux loups sa malheureuse femme et ses quatorze enfants.

— Les loups ne forceront pas votre porte, Binchen; elle est solidement verrouillée. Vous savez que je vous aime, Binchen, mais il m'est impossible d'accéder à votre prière et de rester ici cette nuit. Séchez vos larmes inutiles et laissez-moi partir.

— Va donc, ô le plus dur des hommes, s'écriat-elle, et que tes maudits sorciers puissent te tordre le cou! »

Hans se retourna vers Binchen; sa face pâle et maigre parut subitement altérée par un profond chagrin.

« Binchen, dit-il d'une voix solennelle, je prie les bons et les mauvais Esprits de fermer l'oreille à tes imprudentes paroles. Les méchants souhaits se tournent toujours contre ceux qui les font. Que Dieu te protége, Binchen ! »

Hans fit le signe de la croix et la porte de la chaumière se referma sur lui.

A minuit, une lueur bleuâtre apparut au faîte du grand cyprès de Hofen. C'était comme une aigrette électrique qui produisait de la lumière sans chaleur. Si ce phare étrange n'eût inspiré l'effroi à dix lieues à la ronde, les curieux auraient vu Hans Bar couper une grosse branche du cyprès, la dépouiller de son écorce, la dégrossir, et enfin, appelant à son aide les plus fines pratiques des paysans tyroliens, lui donner l'apparence et la forme d'un pantin, grand comme ceux qui jouent la comédie entre Polichinelle et son compère le diable.

Ce travail fut fini bien avant l'aube. Alors Hans Bar fit trois fois le tour de l'arbre-fée en prononçant des syllabes mystérieuses et en serrant l'enfant de bois contre son cœur.

Un dialogue s'établit entre le sage Hans et le grand cyprès de Hofen.

« Je suis le serviteur de Dieu, disait l'esprit de

l'arbre, et je préside aux destinées de la maison de Hofen.

— Je suis le serviteur des Esprits, disait Hans Bar, et ceci sera mon fils, un fils à moi, pour moi tout seul.

— Il sera mon fils également, reprit l'Esprit de l'arbre, et il sera immortel, car il vivra tant que je vivrai.

— Rien n'est immortel, dit Hans Bar, et tu es un Esprit d'orgueil et de malice, car Dieu peut couper demain ta racine et ta vie. Cet enfant est à moi, rien qu'à moi, c'est le fils de Hans Bar.

— Cet enfant est à moi, rien qu'à moi, dit l'Esprit, c'est le fils du cyprès.

— Marche ! » dit Hans Bar en lâchant la poupée.

L'enfant de bois fit trois fois le tour de l'arbre.

« Parle ! dit l'Esprit du cyprès.

— Papa ! articula l'enfant de bois avec une voix sèche.

— Chante ! » dit Hans Bar.

L'enfant chanta d'un ton pareil à la claquette du facteur de la petite poste la vieille chanson germanique.

Es war ein kleiner man.

« Danse ! » dit l'Esprit de l'arbre.

L'enfant se mit à battre des entrechats, et chaque

fois que ses genoux se heurtaient, ils rendaient un son mat comme celui des castagnettes.

« Qui l'aura? dit Hans Bar.

— Moi! murmura le feuillage du cyprès.

— Moi! reprit le bûcheron.

— Que le sort en décide. »

Mais à ce moment la première lueur de l'aurore dessina une ligne blanche à l'extrémité de l'horizon. L'aigrette lumineuse s'éteignit sous un souffle invisible.

Hans se trouva seul dans l'ombre encore épaisse. L'enfant de bois avait disparu; seulement le bûcheron entendit un bruit de claquette dans les branches les plus élevées du grand cyprès de Hofen.

Il s'assit par terre, s'adossa au tronc énorme, et ne tarda pas à s'endormir; mais quand il eut fini son somme, le jour avait paru depuis longtemps. Il chercha du regard dans les masses luisantes du cyprès; il ne revit pas l'enfant de bois.

« Oh! se dit Hans Bar en regagnant tristement sa chaumière, les malédictions de Binchen ont été entendues. L'enfant de bois est un enfant sans mère : c'est un enfant maudit! »

III

Voici ce qui s'était passé pendant le sommeil de Hans Bar.

Hélène avait quitté sa couchette au point du jour, car la pauvre enfant ne dormait guère; le chagrin l'avait affaiblie, et de sa pauvre poitrine sortait une toux déchirante. Reléguée dans une chambre du second étage, ombragée par le grand cyprès, elle n'avait pour se distraire que de petits livres niais qui ne parlaient pas à sa vive intelligence, et le rebut des joujoux de son méchant frère Sigismond.

Après avoir baigné dans l'eau fraîche sa figure pâle et triste, et fait sa prière du matin, la première pensée d'Hélène fut pour un beau polichinelle qu'elle tenait d'une attention subite de la comtesse de Hofen; mais elle eut beau chercher, le polichinelle n'était plus là. Elle n'était joueuse et frivole que par boutades : ce petit accident suffit à détourner le cours de ses idées, et elle se mit à la fenêtre, d'où l'on découvrait par échappées un de ces magnifiques paysages qu'on ne peut se figurer quand on n'a pas vu la Souabe.

Tout à coup, elle pousse un cri de surprise. Elle voyait luire entre les feuilles du cyprès de Hofen les yeux d'émail de son polichinelle ; oui, c'était bien sa grande bouche relevée par une expression de raillerie joviale, c'était bien son grand nez rouge comme brique, mais il lui sembla que ces gros yeux roulaient dans leur orbite et flamboyaient en la regardant.

« Ah ! mon pauvre polichinelle, quel méchant t'a jeté dans ce gros arbre, où tu dois avoir déchiré tes beaux habits de velours ?

— Je ne m'appelle pas Polichinelle, dit une voix sèche et glapissante ; on me nomme Holzkind, c'est-à-dire l'enfant de bois ; dis-moi ton nom, pour que je sache s'il est aussi beau que le mien.

— Je m'appelle Hélène de Hofen.

— As-tu ta mère ?

— Hélas ! non, dit la pauvre enfant dont les yeux s'emplirent de larmes.

— Moi non plus, je n'ai pas de mère, dit la voix sans manifester d'émotion. Alors je t'aimerai. Veux-tu que je monte chez toi ?

— Oui, dit Hélène, nous causerons ; mais comment vas-tu faire ? Tu es bien petit et l'arbre est haut. »

Sans lui répondre, Holzkind se glissa le long des branches qui s'inclinèrent avec une complaisance paternelle, et toucha bientôt le sol ; puis il se mit à grimper le long du mur, avec une agilité singulière. On eût dit de ces grands lézards rouges que les voyageurs prennent pour des fleurs vivantes écloses dans les grands rochers des Cordillères. Arrivé au niveau de la fenêtre, il enjamba d'un bond la balustrade et sauta dans la chambre ; ses pieds nus produisirent, en frappant le parquet, le bruit d'une paire de sabots.

« Tra la la ! tra la la ! fredonna le petit homme, je t'aimerai bien parce que tu n'as pas de mère, tra la la.

— Vraiment, tu n'es pas mon grand polichinelle ? dit Hélène.

— Non, mais je vais te dire où il est.

— Oh ! dis vite.

— C'est un petit monsieur qui te l'a pris. Il est plus grand que moi, mais il n'est pas si savant. Attends-moi paisiblement, je vais revenir. »

Holzkind s'élança dans l'escalier en faisant claquer ses pieds nus. Bientôt il reparut, traînant, comme un tigre sa proie, un grand polichinelle disloqué, brisé, ses cheveux blancs arrachés par poignées, et, par ses bosses crevées, versant le son à grands flots. C'est ainsi que le méchant Sigismond avait traité le polichinelle d'Hélène.

« Un bel habit ! un bel habit ! s'écria Holzkind. L'enfant sans mère va paraître un seigneur. »

De ses petites mains agiles comme des navettes et dures comme des coins, il eut bientôt décousu l'habit vert et rouge galonné d'or du grand polichinelle. Seulement, Holzkind, loin d'être bossu comme celui qu'il dépouillait, était parfaitement bien pris dans sa petite taille; Hélène fit un double rempli dans le magnifique justaucorps de velours, qui dès lors alla merveilleusement. Holzkind se coiffa du chapeau à forme haute dont le défunt polichinelle était si fier, il ganta ses gants de peau et passa sa collerette empesée. Ainsi vêtu, il avait l'air d'un suisse de bonne maison, sauf la hallebarde. Mais il ne put se décider à chausser les bas de soie et les sabots à hauts talons, prétendant qu'ils le gêneraient pour la marche.

Quand elle vit son nouvel ami ainsi équipé, Hélène, malgré sa gravité ordinaire, ne put s'empêcher de sourire, et elle oublia un instant ses chagrins.

« Tu n'aimeras que moi ? lui dit-elle.

— Que toi, dit Holzkind, et cette belle demoiselle qui repose là-bas sur un petit oreiller de satin.

— C'est ma poupée ! dit Hélène.

— Oh ! je la reconnais, reprit Holzkind, elle est

un peu de ma famille. Les sapins sont nos cousins issus de germain. Je serai bon pour elle, mais je t'aimerai mieux.

— Ainsi, tu ne te joindras pas à Sigismond pour me taquiner tout le jour et me rendre malheureuse.

— Sois sans crainte. Si le méchant Sigismond s'attaque à toi, je le battrai.

— Oh non ! dit Hélène, je ne veux pas que tu battes mon frère. D'ailleurs, il est plus fort que toi. »

Holzkind fit un long éclat de rire, pareil au bruit des meubles lorsqu'ils travaillent la nuit.

« Il est de chair et je suis de bois, ajouta-t-il ; il se blesserait en me frappant.

— Mais s'il te cassait la tête contre le mur, comme il a fait à mes pauvres poupées ?

— Je rebondirais sur lui comme une balle et je lui ferais des bosses au front.

— S'il te jetait dans la grande cheminée ?

— J'y ramasserais des cendres chaudes et les lui lancerais dans les yeux.

— Tu serais si cruel ?

— Je me vengerais.

— Tu ne crains donc pas les périls ?

— Je suis immortel comme l'un de mes pères, le grand cyprès de Hofen.

— Y a-t-il donc des créatures immortelles ? demanda naïvement Hélène.

— Mon autre père est un homme selon Dieu.

— Hélas, dit la petite, maman était une sainte, et cependant elle est morte.... Je crois que tu me trompes, enfant de bois ; tu es périssable et mortel comme toutes les créatures.... »

Holzkind ricana plus fort ; on eût dit le tic-tac d'un moulin à vent quand la brise de l'orient rase la plaine avec violence.

« Tu me fais peur ! » s'écria la petite en cachant sa tête dans ses mains.

Holzkind sauta au cou de son amie pour l'embrasser ; mais le petit lourdaud ne prit pas de précautions, si bien qu'il cogna son nez de bois sur ses joues délicates et les meurtrit.

Hélène poussa un cri et pleura.

Holzkind devint triste.

« Je ne suis pas accoutumé aux créatures humaines, dit-il ; mais sois indulgente et bonne. Je deviendrai si doux, si aimable, si gracieux, si mignon, que je ne te ferai plus peur. »

La porte s'ouvrit violemment, et le petit Sigismond parut. Sa figure pleine était enluminée par la colère et ses grands yeux verts s'animaient d'un feu singulier qui brillait à travers des larmes de rage.

« Tu m'as pris mon polichinelle ! dit-il en montrant le poing à Hélène.

— Non, mon frère.

— Tu es une menteuse ! le voilà... »

Il désignait Holzkind ; mais la méprise n'avait rien que de naturel, vu le costume de l'enfant de bois et l'attitude qu'il avait prise en laissant tomber le nez sur ses genoux.

« Tu te trompes, Sigismond, dit Hélène, ce polichinelle n'est pas à toi ; c'est ma belle maman qui me l'a donné. »

La candide enfant rougit en faisant ce mensonge, mais elle eût été bien embarrassée de dire d'où venait cette étrange figure de bois qui bouleversait toute ses idées.

La colère de Sigismond ne fit que croître.

« Ah ! s'écria-t-il, on te donne des polichinelles dont tu n'as que faire, tandis qu'on me refuse un beau hussard qui joue de la trompette et qui bat du tambour ! attends un peu, tu vas voir ce que j'en vais faire de ton vilain polichinelle ! »

Il se baissa pour ramasser Holzkind, qui se laissa faire, et le saisissant par une jambe, il lui cogna la tête contre le chambranle de la cheminée, si bien que le beau chapeau galonné en fut tout à fait déformé ; mais Holzkind avait une vraie tête de bois, il ne souffrit guère de cette violence ; seulement, il se donna un élan si vigoureux, qu'il retomba roide comme balle sur le nez de Sigismond, d'où le sang jaillit.

Le méchant enfant, se voyant endommagé, sentit redoubler sa rage ; il laissa tomber Holzkind et le trépigna tant qu'il put. Le fils du cyprès sentait toutes ses fibres craquer, ses articulations criaient comme des mâts pendant la tempête ; mais enfin la patience lui échappa ; d'un bond il sauta sur une chaise, de la chaise sur la cheminée, et de là sur l'épaule de Sigismond, qu'il se mit à souffleter de ses petites mains sèches.

Sigismond s'enfuit en hurlant, mais sans pouvoir se débarrasser de Holzkind, qui le rossa d'importance et n'abandonna sa victime qu'au moment où elle se précipita en pleurant dans les bras du comte de Hofen.

Il résulta de cette scène, où Sigismond avait eu tous les torts, qu'Hélène fut mise en pénitence, c'est-à-dire confinée dans sa chambre et privée de dîner à la table de ses parents. Elle pleura d'abord, puis essuya ses larmes, en songeant qu'elle aurait un autre compagnon dans sa retraite ; car on ne s'était pas arrêté aux assertions de Sigismond, qui prétendait que le polichinelle l'avait battu. Le comte de Hofen avait souri, Mme Gudule avait hoché la tête, et ils mirent cette incroyable histoire sur le compte de la frayeur qu'inspiraient au petit garçon les noirceurs de sa sœur aînée.

Cependant un nouveau chagrin attendait celle-ci.

Holzkind, qui s'était égaré dans les vastes corridors du château de Hofen, eut d'abord de la peine à retrouver la chambre de sa jeune amie, puis il attendit une occasion de se glisser sans être aperçu, car si les valets eussent vu ce petit homme de bois entrer chez Hélène comme une personne naturelle, cela eût fait jaser dans la maison. Il ne rencontra cette occasion qu'à la tombée de la nuit.

La joie qu'Hélène eut de le revoir fut de courte durée.

« Nous allons nous quitter, dit l'enfant de bois ; j'ai fait un esclandre, je ne puis pas rester ici. On n'a pas cru Sigismond quand il a raconté notre rixe, mais il me guettera sans doute et me fera quelque méchant tour. S'il lui plaisait de me déchirer en morceaux, je ne perdrais pas la vie ; mais serais-tu contente d'avoir un ami boiteux ou manchot ? Réfléchis que si l'on me découvre, les mauvaises gens qui te traitent si mal t'accuseront de sorcellerie. Qui sait jusqu'où pourrait aller leur haine ? Je vais m'expatrier ; d'ailleurs, j'ai besoin de voir le monde, et l'on dit que les voyages forment l'esprit et le cœur ; quand j'aurai acquis quelque expérience, je te protégerai plus efficacement.

— Te reverrai-je jamais ! » dit Hélène le cœur gros et l'esprit agité de tristes pressentiments.

Ils se dirent encore beaucoup de choses inspirées par la plus touchante amitié ; mais rien ne put vaincre la résolution de l'enfant de bois, dont le caractère était aussi inflexible que la matière dont son corps était fait.

Vers minuit, il embrassa Hélène le plus délicatement qu'il put pour ne pas la meurtrir ; il serra la poupée dans ses bras avec moins de précautions et s'éloigna pour se mettre en route, à la garde de Dieu.

IV

Un an s'était écoulé; l'enfant de bois n'avait pas reparu. Longtemps Hélène avait attendu son ami; elle écoutait l'oreille tendue, tous les sons qui rappelaient le son de ses pieds nus claquant sur le parquet; entendait-elle ces rumeurs étranges et nocturnes dont la cause n'a jamais été expliquée, ou le tic-tac sinistre de la bête à tarière qui fait son trou dans les boiseries, ou bien encore le grésillement de la pluie fouettant sur les vitres de la fenêtre, elle se levait en sursaut et s'écriait : « C'est lui, c'est Holzkind! »

Hélas! Holzkind ne revenait pas. Son amie ne se doutait guère qu'il gémissait dans une prison humide et souterraine, où ses mœurs se dépravaient en même temps que son esprit s'obscurcissait et perdait ses plus précieuses qualités naturelles.

De son côté, Hans Bär n'était pas moins inconsolable de la perte de son fils ; son humeur aigrie ne lui laissait plus le calme nécessaire pour supporter les tracasseries de Binchen ; ce ménage devint un enfer. Les quatorze enfants de Hans ne lui donnaient guère plus de satisfaction que par le passé ; car, par un phénomène imprévu autant qu'inexplicable pour ceux qui se seraient refusés à y voir le doigt de Dieu, les quatorze créatures avaient cessé de grandir depuis la nuit mystérieuse qu'Hans Bär avait veillé sous le cyprès de Hofen ; mais ils continuaient à grossir, si bien que ces quatorze enfants étaient quatorze petits monstres.

Sabina, dans son âme de mère, les trouvait beaux comme des chérubins ; mais Hans n'avait pas les mêmes illusions, et il voyait bien que ces jeunes créatures, beaucoup plus larges que hautes, étaient des nains hideux.

Cet effrayant prodige lui eût peut-être ouvert les yeux sur ses erreurs passées, si la disparition prolongée de Holzkind ne l'eût plongé dans un désespoir amer qui devait le perdre. Nous qui avons connu Hans Bär comme un brave homme et un sage rustique, nous avons peine à dire toute la vérité sur son compte ; mais notre devoir d'historien fidèle nous donnera la force de surmonter ces scrupules ;

en un mot, puisqu'il faut l'avouer, Hans Bar blasphéma plusieurs fois la Providence divine qu'il avait méconnue, et il songea à recourir à la puissance du malin.

Dès ce temps, les bons génies se gardèrent de l'admettre à leurs entretiens familiers; pour lui, la Zauberstein fut muette. Son esprit se troubla, sa parole cessa d'être grave et mesurée; peu à peu l'affluence des visiteurs se ralentit, et l'on vit que l'esprit de Dieu s'était retiré de cet infidèle serviteur. Une fois il osa se baigner dans les eaux ordinairement si fraîches de la Weiserquelle; elles le brûlèrent comme une lessive bouillante. Rien ne lui réussissait. Faisait-il des fagots, le bois mort verdissait dans sa hotte, et les gardes forestiers lui faisaient payer l'amende. Essayait-il de tailler quelques cassenoisettes dans le buis ou l'érable, car pour rien au monde il n'eût porté la main sur une branche de cyprès, le buis le plus droit, l'érable le plus sain se brisaient sous son couteau comme des allumettes. Les cygnes sauvages s'enfuyaient à tire-d'ailes, de quelque ruse qu'il se servît pour les approcher; son vieux fusil, qui jadis portait si juste, n'envoyait plus la balle qu'à dix pas en avant ou en arrière du but.

On conçoit que dans de semblables contre-temps la gêne fût venue, puis la misère. Sabina était sobre et paraissait peu souffrir; les quatorze enfants grossissaient de plus en plus et devenaient complétement farouches. Hans seul ressentit à diverses reprises les angoisses de la faim, et dans son humeur rébarbative, il eût volontiers mangé l'herbe crue, comme fit Nabuchodonosor.

Un jour, comme il errait dans les landes arides qui séparent la chaîne du Geistberg des verts bocages de la Thuringe et que, tombé dans une rêverie morne, il avait l'âme pleine du souvenir de Holzkind, il crut voir derrière une touffe de genêts épineux une masse rougeâtre, de forme étrange. Supposant que c'était quelque bête endormie, il flaira l'air et ne reconnut point le fumet du renard. Il fit avec précaution le tour de buisson et se pencha vers la terre. La chose ne bougeait point. Il se hasarda à y porter la main. C'était un corps dur qu'il souleva sans peine.

« Papa! dit une voix sèche.

— Mon fils, » s'écria Hans Bar.

Et il embrassa ce corps inerte, sans s'apercevoir, dans sa joie paternelle, que maître Holzkind sentait le vin à soulever le cœur.

« Ah! mon cher père, dit l'enfant de bois, je vous rencontre bien à propos; je m'étais égaré dans cette plaine, et accablé de fatigue, je m'étais couché à l'ombre de ces arbrisseaux.

— Viens à la maison, mon doux enfant; tu feras la joie de ma chaumière. »

La route était longue pour regagner le gîte. Hans Bar, en bon père, prit l'enfant de bois dans ses bras et s'arrêtait de temps en temps pour mieux le caresser.

« Méchant garnement! lui dit-il; que tu m'as causé de peine! Je ne t'ai pas vu depuis la nuit de ta naissance! Qu'as-tu fait? D'où viens-tu? Que t'est-il arrivé?

— Papa, l'histoire de ma vie a été féconde en événements plus malheureux qu'heureux. Le sort me persécute. »

Holzkind raconta d'abord à son père putatif sa journée passée au château de Hofen et les circonstances qui déterminèrent sa fuite; puis il continua son récit en ces termes :

« La nuit était bien noire ; cela ne me servait à rien, puisque je n'avais point à craindre d'être poursuivi, et me nuisait beaucoup, car je me heurtais contre de hautes mottes de terre et contre des cailloux tranchants qui m'entaillaient les pieds. Je ne connaissais pas le pays, et, n'ayant pas de but déterminé, le choix de la route m'était indifférent. Cependant j'eus lieu de regretter celle que j'avais prise, car je me trouvai au bord d'un fleuve, et très-embarrassé pour le franchir. Heureusement j'eus l'idée de m'abandonner au fil de l'eau, pensant bien qu'elle me conduirait quelque part. Je risquai une jambe, puis l'autre ; le flot m'emporta mollement ;

jamais rien de plus doux n'avait caressé mes pauvres membres, et j'aurais volontiers passé ma vie dans cette langoureuse volupté ; je ne voyais que le ciel noir traversé de loin en loin par de pâles reflets ; je n'entendais que le clapotement de la vague et le bruissement éloigné que fait le vent dans les arbres, quand tout à coup je m'arrêtai. L'eau, dérivée par un courant, m'avait porté sur un lit de sable et de mousse. Je me relevai et me mis à marcher le long du rivage. Alors, père, je sentis une chose incroyable ; mon corps s'était gonflé comme une éponge, mon ventre était plus gros, mes joues gonflées ; je respirais une fraîcheur inconnue, mais incommode à la longue ; mes narines se pincèrent, puis se dilatèrent subitement avec un petillement très-vif ; j'ai su, plus tard que cela s'appelait éternuer. Des surprises assez désagréables m'attendaient tout le long du fleuve. A chaque instant des bêtes étranges sortaient des touffes de roseaux et me barraient le passage ; leurs museaux pointus, garnis de barbes presque aussi longues que tout mon corps, leurs pattes velues et leurs queues menaçantes me glaçaient de terreur. Cependant aucune n'essaya de s'attaquer à moi. Mon air déterminé et mon chapeau placé sur le coin de l'oreille, car rien n'avait pu redresser ma coiffure écrasée par le méchant Sigismond, firent sans doute impression sur ces monstres, et le jour vint sans qu'ils témoignassent leur férocité autrement que par une grimace hideuse qui laissait voir leurs dents blanches et pointues.

« Bientôt j'arrivai sur la lisière d'une forêt, et mes yeux furent frappés d'un singulier spectacle. Deux hommes déguenillés, assis au pied d'un arbre, faisaient un frugal repas. Autour d'eux grommelaient ou jappaient une multitude d'animaux, des chiens, à ce qu'on m'a dit, équipés de façon bizarre ; les uns étaient caparaçonnés de velours rouge ; d'autres avaient sur la tête un chapeau à trois cornes surmonté de plumes bleues ou vertes, mais tout cela était fané. Un seul petit animal, maigre, le poil hérissé, l'oreille basse, ne portait aucun ornement.

« — Qu'est-ce-ci? dit un des hommes à son compagnon, en me désignant du doigt, une poupée qui marche? *Der Teufel!* quelle bonne fortune pour nous! »

« Entendant invoquer le diable, je compris que j'étais tombé dans les griffes de quelques malfaiteurs.... »

Hans tressaillit, et regarda autour de lui comme si quelqu'un avait pu entendre ce qui venait de se dire, et il hâta le pas.

« Enfant, dit-il à Holzkind bien bas, bien bas; ne dis point de mal du diable ; il a quelquefois secouru de braves gens que le bon Dieu avait abandonnés.

— Bref! reprit Holzkind, sans chercher à pénétrer le sens des paroles de Hans Bar, pressentant un danger, je me mis à fuir de toute la vitesse de mes jambes. Mais cela me perdit, le maudit chien galeux, dont aucun vêtement ne ralentissait la course, s'élança sur mes traces, me rejoignit en un instant, me prit en travers dans sa gueule, et m'apporta aux pieds de son maître, qu'il se mit à regarder d'un air joyeux, en secouant les oreilles, et faisant fretiller la queue.

« — Bien rapporté, Moldan ! dit un de mes ennemis, tu mérites une récompense. »

« Cet homme me retira d'entre les mâchoires du chien et me déshabilla en un clin d'œil ; il me prit tout, jusqu'à mon chapeau défoncé, jusqu'à ma collerette ! O honte ! ma splendide dépouille servit à embellir un animal immonde ! Je me retrouvai nu comme au matin de ma naissance. Alors le désespoir me donna de la présence d'esprit, et profitant d'un instant où l'homme, préoccupé de la toilette de son chien, n'avait plus l'œil sur moi, je grimpai prestement sur un arbre, et de branche en branche je ne tardai pas à perdre de vue le théâtre de cette funeste aventure.

« Après avoir erré huit jours dans des solitudes inconnues, j'abordai enfin une ville imposante et peuplée dans laquelle j'entrai avec un ravissement inexprimable. Ce n'était que vastes rues, que grands monuments, belles places ombragées d'arbres et arrosées d'eaux vives ; un si superbe endroit ne pouvait être habité que par des êtres supérieurs. Je m'étais glissé le long des murailles, évitant tous les regards, grâce à l'abondance de la foule, du moins je l'avais espéré, quand j'entendis une forte rumeur et de grands éclats de rire.

« — Une de vos poupées qui se sauve! » disait une voix moqueuse.

« Je prêtai l'oreille et m'arrrêtai, craignant d'avoir attiré l'attention. Hélas! une main osseuse me saisit, un œil louche m'examina, puis la main s'ouvrit et je tombai rudement sur le pavé.

« — Ce petit monstre ne sort pas de ma boutique, dit une voix. Mes poupées et mes polichinelles ont une autre tournure..

« — Cependant, compère, répondit-on, c'est du beau bois, un bois rare, ma foi! et si vous le dédaignez, j'en ferai bien mon affaire.

« — Vous pouvez bien le prendre! je ne vous le disputerai pas. »

« On me ramassa de nouveau; une main plus osseuse encore que la première me prit sans façon par la tête et me fourra dans une espèce de sac où je me trouvais privé de lumière, mais non de communication avec l'extérieur, car l'air et le bruit continuaient d'arriver jusqu'à moi. Je me sentis emporter ainsi pendant environ un quart d'heure; puis le bruit cessa tout à fait, l'air me parut plus chaud, et enfin je revis la lumière, car mon ravisseur, en me tirant de ma cachette, qui n'était autre qu'une poche de son vêtement, me posa sur une table, à côté d'une machine en fer dont la vue me fit frémir. C'était un assemblage de barreaux et d'instruments tranchants que je m'imaginais devoir servir à des tortures inouïes. J'étais dans la boutique d'un tourneur.

« Cet homme m'oublia sur son établi pendant plus d'une semaine. Vingt fois j'essayai de fuir, mais sans succès. Je me laissai tomber de l'établi pour me rapprocher de la porte, mais toujours il eut l'astuce de me ramasser avant qu'elle fût ouverte.

« Or un jour, tout mon être craque en pensant à cet horrible attentat, l'homme se leva plus matin qu'à l'ordinaire, me mit entre deux bras de fer qui me serraient à me faire éclater ; l'infernale machine se mit à tourner avec un bruit sinistre, et je sentis un fer aigu m'environner de sa lame tranchante. Je me croyais perdu.

« Tout à coup quelque chose cria dans la machine, qui se détendit et s'arrêta.

« L'homme fit un jurement épouvantable.

« — Mon tour est brisé ! s'écria-t-il. Maudit soit le bois dur qui a ébréché ma meilleure lame. »

« Il desserra les bras de métal qui m'étreignaient, ouvrit la porte de sa boutique, et me lança dans la rue en m'accompagnant de malédictions.

« J'étais fou de douleur. Cependant le fer ne m'avait qu'effleuré l'épiderme, et sauf l'extrémité de mon nez, qui est aujourd'ui arrondie au lieu d'être pointue, ce lâche assassinat n'a pas laissé sur moi de traces visibles.

« Le soleil était vif, et tombant sur moi d'aplomb augmentait mes souffrances. Mes fibres desséchées se tendaient avec des efforts convulsifs ; encore une heure de ce supplice, et je me fendais....

« Un corps opaque vint heureusement se placer entre le soleil et moi et m'environner d'ombre. Un homme se baissa vers moi, de sorte que je pus l'examiner ; sa figure était rouge, comme la mienne et bourgeonnée ; un vaste tablier de toile s'attachait à son cou, et à son côté pendait un instrument piquant, contourné comme les vrilles de la vigne en fleur.

« —Oh ! oh ! dit-il en me soupesant dans sa main rude et calleuse, voici un beau morceau de campêche qui fera de bon vin d'Espagne pour les gourmets de Nüremberg. »

« Il m'enveloppa dans son tablier, je perdis encore une fois la lumière ; mais, hélas ! c'était pour longtemps ; je me sentis tomber dans une masse liquide d'où s'exhalait une odeur enivrante qui obscurcit mes sens. Mes idées devinrent confuses, ma tête s'alourdit, le liquide s'introduisant par tous mes pores ; je compris que je buvais du vin : plus j'en buvais, plus j'en voulais boire. O mon père ! j'ai eu les songes les plus heureux, car je dormais comme une souche pendant des heures entières ; bien que plongé dans l'obscurité la plus profonde, j'avais des éblouissements lumineux ; j'avais chaud à la poitrine et à la tête. Un tel état, c'est le bonheur ! »

Hans Bar poussa un gémissement.

« Esprits du mal, murmura-t-il tout bas je reconnais bien là votre pernicieuse influence ! mon pauvre fils à moi, vous en avez fait un ivrogne ! »

Quant à Holzkind, comme si le souvenir de sa débauche l'eût tout nouvellement enivré, il se prit à gigoter dans les bras de son père, en poussant des cris bizarres entremêlés de mots sans suite ; puis il pencha la tête comme s'il voulait dormir.

« Mon fils, mon fils, dit Hans Bar, comment es-tu sorti de cette fatale prison ?

— Je ne sais pas au juste, répondit Holzkind en se soulevant d'un air ennuyé ; de jour en jour le vin diminuait ; en tirait-on du dehors, c'est ce que je ne sais pas ; mais un jour je me trouvai au fond du tonneau, dans une espèce de boue qui avait le goût du vin, mais trop épaisse pour que j'en pusse boire. Je restai là encore tout un jour, des coups violents brisèrent le tonneau, et je fus jeté pêle-mêle avec ses débris dans un grand feu, auquel je pus me soustraire en me cachant sous de la paille humide. La nuit venue, je me remis à marcher sans savoir mon chemin ; il y a deux mois que je marche ; et je me reposais dans la plaine quand vous m'avez trouvé. »

Quand ils eurent enfin regagné la chaumière, Hans Bar présenta Holzkind à sa femme comme le produit de son travail.

« Embrasse-le, lui dit-il, vois comme il est joli !

— Embrasser un enfant de bois ! s'écria Binchen avec surprise. Hans, vous êtes tout à fait fou. Jetez cette vilaine créature dans un coin. Certes, vous aurez de la peine à la vendre ; elle ne vous fait point honneur. »

Hans obéit pour ne pas donner de soupçons à sa femme, et Holzkind fut jeté derrière un tas de fagots, où il passa une mauvaise nuit, gêné par les épines et tourmenté par les rats.

Cela dura ainsi quatorze jours, au bout desquels la vieille Sabina mourut folle.

Voici pourquoi :

Le matin qui suivit l'entrée de Holzkind dans la chaumière, l'aîné des quatorze enfants de Binchen, qui s'appelait Nicolas, disparut, laissant sa peau sur son lit de paille, comme font les lézards à l'approche du printemps.

Le lendemain, Wilhelm, le second des quatorze enfants, disparut également, ne laissant que sa peau.

Le troisième jour, on ne retrouva que la peau de Paulchen, le troisième enfant de Binchen.

Le quatrième jour, ce fut le tour de Nicodem, qui laissa sa peau à côté des peaux de ses trois frères.

Il en fut de même de Leo, de Conrad, de Hansel, de Fabritzius, de Lucas, de Marten, de Dietrich, d'Emil, de Simpson et de Noah, les dix autres enfants de Binchen.

Leurs quatorze peaux, rangées l'une à côté de l'autre, furent conservées intactes par un savant docteur, et on peut les voir aujourd'hui dans le fameux musée de Nüremberg.

Le quatorzième matin, Hans Bar avait disparu.

L'enfant de bois, se voyant seul et privé de vin, car il n'y en avait pas une goutte dans la cabane, résolut de tenter encore les aventures. Mais un souvenir confus lui rappela le château de Hofen et sa petite amie Hélène. L'ingrat l'avait oubliée bien longtemps !

Vers la tombée du jour il arriva sous le vieux cyprès de Hofen, et soudain il se sentit froid jusque dans la moelle. L'arbre orgueilleux dépérissait. Son tronc desséché paraissait comme le corps d'un mendiant sous les trous de son écorce ridée. Son front vénéré ne portait que des feuilles rares et jaunies ; en un mot, il n'avait plus cette stature majestueuse qui jadis commandait le respect des paysans.

Hélas ! un plus grand changement s'était fait dans l'intérieur du château de Hofen. De quelle douleur fut pris l'enfant de bois, lorsqu'en pénétrant dans la chambre d'Hélène, il vit sa petite amie étendue sur son lit, pâle, respirant à peine, et ne tenant à la terre que par un fil invisible qui s'envolait déjà vers Dieu.

« C'est toi, Holzkind, dit-elle d'une voix douce; tu viens trop tard, mon pauvre ami, ton Hélène va mourir....

— Mourir! dit le petit homme, et pourquoi?

— Je ne te le dirai pas, c'est un secret qui n'appartient qu'au bon Dieu.

— Souffres-tu?

— Oui, dans la tête; mais cela ne durera pas longtemps, va; je n'ai jamais été bien heureuse sur la terre, et je remercie bien le bon Dieu de me rappeler à lui.

— C'est drôle! fit l'homme de bois. Quel effet cela fait-il de mourir?

— Rien, mon ami; on se sent faible et doux, il semble qu'on soit bercé dans une souffrance insaisissable, dont on ne désire pas la fin. Je suis éveillée et j'ai des rêves; je ne sais si je dors ou si je flotte dans l'air. Le plafond s'entr'ouvre, les nuages gris et bleus entrent dans ma chambre, ils descendent sur mon oreiller, ils courent doucement le long des couvertures, ils descendent plus bas encore, et alors je ne vois plus le plancher, je ne vois plus rien que le ciel.

— Écoute, dit Holzkind, qui avait réfléchi profondément, il me semble que ce n'est pas l'usage qu'on meure tout seul, dans un coin; veux-tu que j'appelle ton père?

— Non, murmura Hélène, pas mon père?
— Veux-tu que je prévienne la comtesse?
— Non.
— Et ton frère?
— Ni mon frère, ni personne. Il vaut mieux que je meure ainsi.
— Est-ce que tu vas mourir tout de suite?
— Je ne sais pas, mais je le crois.... Holzkind, fais-moi une promesse. Hors de la fenêtre est suspendue une cage où reposent deux beaux oiseaux, deux colombes, qui ont été mes seules amies depuis un an. Quand je serai morte, tu ouvriras la cage et tu leur donneras la liberté. Holzkind, prie le bon Dieu pour moi. »

Holzkind aurait bien voulu faire ce que lui disait sa petite amie, mais le péché originel de sa naissance lui dérobait la connaissance du Créateur, et sa bouche resta muette autant que son esprit aveugle.

La pauvre Hélène avait dit vrai; ses jours étaient comptés : elle mourut comme une sainte, juste au moment où les premiers feux du jour éclairaient l'horizon.

Holzkind ouvrit la fenêtre, puis la cage où reposaient les deux colombes, et leur donna la volée. Ces beaux et blancs oiseaux allèrent se percher, en gémissant, sur le vieux cyprès de Hofen, et, le cou tendu, l'aile frémissante, elles ne cessèrent de roucouler d'un ton plaintif, en regardant la fenêtre de leur jeune maîtresse. Moi qui crois à l'âme des bêtes, je vous fais savoir, en confidence, que les colombes chantèrent l'oraison funèbre d'Hélène.

Cependant l'enfant de bois se prit à réfléchir; et pour le faire avec plus de facilité, il se coucha devant le lit, jambe deci, jambe delà, comme un jouet abandonné. Il cherchait à pénétrer le secret de la mort mystérieuse d'Hélène; un jour funèbre colorait ses idées; l'image du comte de Hofen lui apparaissait horrible, et si peu sensible que fût Holzkind à l'amour paternel ou filial, il comparait Hans Bar au comte Léopold, se disant que le bûcheron avait le cœur plus tendre.

Tout à coup le comte Léopold entra dans la chambre de la morte; en voyant la pâleur livide d'Hélène, il tressaillit, poussa un gémissement sourd et s'agenouilla en sanglotant.

« Ma fille! murmura-t-il, ma pauvre Hélène, pardon! pardon! Hélène, ma fille, grâce pour ton père! grâce, mon enfant adoré! »

Le malheureux inclina son front dans la poussière, et le silence ne fut plus interrompu que par les spasmes de son profond désespoir.

Soudain le comte de Hofen releva son front souillé, et jeta autour de lui un regard d'épouvante. Un mot terrible avait frappé son oreille. Cependant il était bien seul.

Frappé de ce prodige, il chancela et s'appuya au mur.

La voix retentit distincte à son oreille.

« Assassin ! assassin !

— Du secours ! du secours ! cria le comte Léopold en se précipitant hors de la chambre.

— Assassin ! assassin ! »

La voix le poursuivit dans les longs corridors, et lorsque le comte franchit le seuil de sa chambre à coucher, il vit vaguement dans l'ombre une étrange créature.

« Assassin ! répéta l'écho.

— Te tairas-tu, voix de l'enfer ! » hurla le comte dont les remords tournaient en rage.

Il se jeta sur Holzkind, le prit à pleine main et le jeta dans l'immense cheminée, qui flambait comme une fournaise.

« Assassin ! » petilla la flamme, qui semblait s'animer de la voix de Holzkind.

Le comte entassa bûche sur bûche et tison sur tison ; Holzkind tournait dans le feu comme une salamandre.

Une scène non moins terrible avait lieu devant le château. Le méchant Sigismond, chassé par son oncle le chanoine, revenu à Hofen deux jours avant la mort d'Hélène (on dit même qu'il n'y fut pas étranger), aperçut les colombes perchées dans le cyprès.

« Vous tairez-vous, vilaines bêtes! » cria-t-il.

Mais les pauvres oiseaux continuaient leur ramage plaintif; Sigismond leur jeta des pierres, qui ne les touchèrent pas; alors, furieux de ne pas les avoir atteints, le méchant enfant tenta d'escalader le tronc énorme du cyprès; il parvint en effet à la première branche, mais à peine y eut-il posé le pied, que le vieil arbre, autant par indignation que par vieillesse, se déroba sous l'imprudent, le rameau se rompit avec un craquement effroyable, et Sigismond, brisé dans sa chute, vint expirer au pied de l'arbre qui avait présidé à la naissance de ses aïeux.

Le crime du cyprès fut promptement puni : Sigismond venait à peine de rendre l'âme, que l'air s'obscurcit, un orage affreux ébranla la contrée, et la foudre, tombant sur la cime orgueilleuse du cyprès de Hofen, le consuma jusqu'à la moelle, ne laissant sur la place que d'informes débris bientôt dispersés par la tourmente.

Au même instant, Holzkind sentit tout son corps se dessécher avec une chaleur inconnue; la flamme l'attaqua par de vives morsures; il avait beau se débattre, il brûlait comme du foin séché. Alors, tout environné de farfadets rouges et bleus, qui lui chantaient sa dernière heure, il se tordit convulsivement et fit tant d'efforts qu'il roula sur le tapis et de là dans les plis des vastes rideaux de l'alcôve. Bientôt une épaisse fumée remplit l'appartement. L'air manqua au comte Léopold, qui tomba sans force sur le parquet.

Le lendemain le château de Hofen n'était plus qu'une ruine noircie, et les bonnes gens de la Souabe virent bien que le doigt de Dieu avait touché cette maison.

LE SECOND VIOLON

LE
SECOND VIOLON.

I

Durant le peu de temps que je séjournai à W..., je ne manquai pas une seule représentation de l'Opéra. On jouait chaque soir quelque chef-d'œuvre : le *Freyschütz*, les *Huguenots*, la *Nuit de Grenade*, *Robert le Diable*, *Don Juan*, la *Flûte enchantée*. Ces représentations offraient un intérêt très-vif, dont l'exécution parisienne ne saurait donner une idée. Ce n'est pas que la France manque de musiciens; elle abonde en talents individuels, en supériorités de tous genres; mais elle n'a pas cette intuition mystérieuse, cette vocation innée qui inspire le plus humble exécutant et donne à la musique allemande, comme à celle des Italiens, la conception d'une œuvre dans ses moindres détails, d'où résulte cette qualité à la fois modeste et souveraine, l'ensemble.

Je n'oserai avancer que les chanteurs fussent irréprochables; il est certain que l'orchestre, quoique nombreux, n'offrait qu'un petit nombre de solistes distingués, mais ces gens-là saisissaient toutes les nuances, observaient scrupuleusement les effets d'ombre et de lumière prévus par le compositeur, s'effaçant au besoin pour laisser plus en relief les parties saillantes. Le baryton ne brillait pas aux dépens du ténor, ni le ténor au préjudice de la prima dona; et l'effet général était délicieux.

Un soir, ne donnait-on pas les *Huguenots?* je me complaisais à suivre, dans leurs développements les desseins de l'orchestre; c'est un travail analytique et sentimental à la fois, fécond en jouissances, que d'étudier note à note, de distiller pour ainsi dire une partition connue. C'est ainsi qu'après avoir parcouru à cheval une vaste forêt, on aime à y venir rêver, en pénétrant dans les halliers, dans les clairières désertes, à compter les buissons et à cueillir au fond des ravins quelque fleur ignorée.

J'avais pris place au premier rang de l'orchestre,

et je pouvais m'accouder à la balustrade qui le sépare de celui des musiciens, à ce point que, si la contre-basse, vivement attaquée sur sa corde d'acier, imprimait à la cloison des vibrations sonores, elles se continuaient dans mon bras et me causaient des tressaillements nerveux.

A ma gauche, mais au loin, hurlait la fanfare des cuivres, et devant moi se groupaient les seconds violons, parmi lesquels je distinguai tout d'abord un jeune homme dont l'air heureux m'étonna.

Rien n'est plus triste que le métier de second violon : les joies de la mélodie, réservées à la partie de primo, lui sont sévèrement interdites. Seulement, comme par pitié, on lui laisse ronger de temps à autre quelque chant imité à la tierce inférieure; puis ce sont des arpéges, des quintes en double corde, des contre-temps, des tremolo; la corde est pincée, raclée, ratissée, battue comme un tambour; mais la mélodie, la fille céleste, se dérobe à ce fracas et va voltiger capricieusement dans les roseaux du hautbois, et toucher de son aile l'anche aplatie des clarinettes. Le second violon, condamné aux doublures et aux remplissages d'harmonie, devient morose, frondeur, persifleur et méchant. C'est toujours un second violon qui dépose sur les parties d'orchestre des croquis anonymes et des charges signées au gros sel. S'il n'est pas exactement surveillé, le second violon, pareil à ces malheureux qui se grisent à l'occasion pour se venger d'une sobriété forcée, soulage l'indigence de la partition en l'enrichissant de cantilènes improvisées, extrêmement désobligeantes pour les oreilles bien faites. J'ai connu un second violon qui accompagnait un air de l'*Ambassadrice* d'Auber sur l'air : « J'ai du bon tabac, » mais celui-là était un méchant homme.

Le second violon du théâtre de W.... me fit l'effet d'une exception curieuse.

C'était un beau jeune homme, dont la figure, d'un ovale parfait, s'encadrait de cheveux blonds, très-soyeux et très-soignés. Ses grands yeux bleus, rêveurs et tendres, exprimaient un bonheur contenu qui ne s'expliquait pas musicalement, car son archet arpentait les quatre cordes avec un sans-façon marqué. Je ne veux pas dire qu'il manquât d'exactitude et qu'il ne rendît pas scrupuleusement sa partie; mais certainement il la savait par cœur; car il n'y jetait de temps à autre qu'un regard négligent. Ses yeux étaient ailleurs, et son esprit suivait ses yeux.

Au bout d'un instant je crus avoir trouvé la cause de ce phénomène, mais cette cause était aussi obscure que le phénomène lui-même.

Le jeune musicien était assis à droite de la scène, de sorte qu'il avait vis-à-vis de lui les avant-scènes de gauche. Il pouvait voir tout ce qui se passait dans les loges situées de ce côté, et je m'aperçus bientôt qu'il ne se faisait pas faute de profiter de sa position. Après avoir terminé la direction parabolique de ce regard persévérant, j'arrivai à déterminer le point particulier qui l'attirait, et ce point était une femme.

Elle était toute jeune, toute rose, toute charmante, un peu trop parée peut-être, car les diamants de sa coiffure luttaient d'éclat avec la vivacité de sa prunelle et l'émail lumineux de ses dents. Elle paraissait porter au spectacle tout juste la même attention que le jeune musicien donnait à ses doubles cordes, et, le dirai-je? leurs yeux se rencontrèrent un instant, moins longtemps que ne dure le contact d'où jaillit l'étincelle électrique; mais, si fugitive que fût leur impression mutuelle, je vis les joues de la jeune femme pâlir comme si tout son sang eût reflué vers le cœur, et le pâle visage de l'artiste s'animer d'une rougeur passagère.

L'entr'acte venu, des conversations s'établirent autour de moi, et si j'eusse été curieux, le hasard me servait à ravir. Deux jeunes gens, braquant leur lorgnon sur l'avant-scène, nommaient à haute voix la comtesse Ulrique de Hanzig, alliée de très-près à la branche régnante de W....

Ce renseignement me servait à peu de chose ; il rendait plus inexplicable l'intelligence que j'avais cru saisir entre la jeune femme et l'humble musicien.

Comme c'était absurde et que cela ne me touchait en rien, je me mis à construire un roman dans ma tête sur cette donnée fugitive. J'imaginai, je ne sais, quelles amours secrètes de grande dame, et j'écoutai le récit des amours de Valentine et de Raoul, en m'imaginant que M. Scribe avait décrit, sous des noms supposés, les aventures de la comtesse Ulrique et d'un second violon de l'orchestre de W....

Chaque fois qu'on baissait le rideau, le musicien, au lieu d'aller retrouver ses camarades au foyer des coulisses, se renversait sur sa chaise, croisait les mains sur sa poitrine, et s'abandonnait sans retenue à une contemplation extatique.

Cependant la comtesse Ulrique n'était pas seule dans sa loge; le vieillard qui l'accompagnait, était-ce son père ou son mari? avait dû remarquer le manége singulier de l'instrumentiste aux cheveux blonds; mais, bien qu'il en parût courroucé, ne poussai-je pas l'illusion jusqu'à me figurer un instant qu'il l'encourageait de son sourire?

Il y avait là un problème; mais les plus beaux problèmes du monde perdent rapidement leur attrait lorsqu'il est démontré qu'on n'en a pas la clef. Aussi, quand une même détonation fusilla Valentine et Raoul, aux grands applaudissements d'un sectaire assis près de moi, lequel ne cessait d'appeler Valentine une misérable papiste, et Raoul un vil renégat, j'avais à peu près oublié la comtesse Ulrique de Hanzig.

Mais le hasard (voilà trois fois que ce mot se retrouve sous ma plume sans que je puisse lui substituer une autre expression) se plut à me montrer un nouveau nœud de l'intrigue que j'avais pressentie sans pouvoir la démêler. Je descendais le grand escalier du théâtre, et laissais passer complaisamment les petits bourgeois pressés de rentrer de bonne heure, et les jeunes beaux inquiets des figurantes qu'ils allaient guetter à la petite porte des acteurs ; si bien que j'arrivai sur le péristyle juste au moment où la comtesse Ulrique posait son pied mignon sur le marchepied de la voiture. Le vieillard s'assit auprès d'elle, mais la portière ne se ferma pas, et la comtesse montra plusieurs fois sa jolie tête, qu'elle secoua avec impatience. Ils attendaient quelqu'un.

A ce moment je me trouvai face à face avec le jeune musicien, qui arrivait rapidement, tenant sous le bras sa boîte à violon. Il s'élança dans la voiture, s'assit devant la comtesse, dont il serra les mains avec effusion ; puis il fit un signe, et la voiture roula sur le pavé.

Je retournai plusieurs fois encore à l'Opéra ; et bien que les scènes muettes dont j'avais été témoin se reproduisissent sans autre variation qu'un redoublement d'extase dans le regard de la comtesse et du musicien, je ne pénétrai point ce mystère.

Un soir je trouvai ma place habituelle occupée par un officier, autour de qui s'ébattaient bruyamment les dandys de W.... L'officier était d'un blond tendre, et ce signe, joint à la configuration de son nez court et éloigné de la lèvre supérieure, faisait suffisamment connaître son origine hanovrienne. C'était un Allemand croisé d'Anglais, joli garçon, doué de cet air de fatuité hautaine qui ne déplaît pas aux femmes, et qui exaspère les hommes comme un outrage direct.

Ces messieurs parlaient très-haut de chevaux, de modes et de femmes. Je compris, aux questions adressées par l'officier à ceux qui l'entouraient, qu'il était arrivé à W.... le jour même, après une longue garnison dans une des places fédérales. Je fis là, sans le vouloir, un cours complet de *high life* appliqué à la ville de W...., et j'aurais pu, si je m'en fusse donné la peine, supputer au bout des doigts les bonnes fortunes de ces galants, tant ils prirent la précaution pour les révéler au plus grand nombre d'auditeurs possible.

Un peu après le lever du rideau, l'avant-scène des premières, vide jusqu'alors, s'ouvrit; la comtesse Ulrique parut, suivie du vieillard placide qui semblait habitué à vivre dans son ombre.

Un mouvement se fit dans la salle, tant la comtesse Ulrique était belle ce soir-là ; puis des regards furtifs cherchèrent le jeune second violon derrière le rempart de son pupitre; et je vis de malins sourires s'aiguiser à l'abri d'éventails complaisants.

L'officier parut plus frappé que tout autre de la beauté de la comtesse, il ajusta son binocle et dit d'une voix de tête extrêmement stridente :

« Dieu me damne! c'est ma cousine Ulrique. Un peu de place, messieurs! je veux avoir l'honneur de lui baiser la main. »

Le blond guerrier sortit d'un air vainqueur, non sans écraser au passage un certain nombre de pieds, dont les possesseurs articulèrent en pure perte les plus vives réclamations.

Un instant après il surgit au fond de la loge, près de la comtesse Ulrique étonnée, mais non émue. Il prit toutes ses poses les plus compromettantes, parla très-bas et de très-près, affecta de regarder sa cousine à la dérobée, bien qu'il n'eût sans doute aucune raison de ne pas la regarder comme tout le monde. Peines perdues! la comtesse ne voyait que son cher musicien ; un nuage d'inquiétude couvrit un instant son front naguère si pur. C'est qu'à ce moment-là l'officier venait de se pencher assez familièrement sur l'épaule de sa cousine ; sous le sourcil froncé du violoniste on devinait des flammes.

Un de mes amis, qui est chimiste, me disait un soir : « Je ne connais pas de congélateur plus puissant que le dédain d'une femme; il y a telle situation où une femme frapperait du vin de Champagne rien qu'en le regardant. »

Je pus vérifier la justesse de cette appréciation bizarre par la contenance de l'officier, soumis à l'influence réfrigérante de la comtesse Ulrique; il perdit peu à peu l'aisance de son maintien; il froissa ses gants.

« Bien, pensai-je, il a l'onglée. »

Enfin il sortit en piétinant et secouant sa moustache comme durent le faire les dragons de Nansouty après qu'ils eurent été trempés dans la Bérésina.

« Stolberg a été mal reçu ! » dit un des dandys.

Cette observation, accueillie par un signe général d'acquiescement, demeura sans commentaire. On eût dit qu'une influence secrète brisait la verve d'ordinaire si abondante de cette jeunesse dorée. Aussi le retour de Stolberg s'opéra-t-il au milieu d'un silence qui me parut affecté.

Mais Stolberg, qui probablement n'était pas dans le secret, reprit le cours de ses confidences à pleine voix :

« Vous savez qu'elle est mariée, ma cousine?

— Ah! fit quelqu'un sur un ton mi-parti de condescendance et de raillerie.

— Elle m'a très-mal reçu. Qui me dira, messieurs, si c'est par indifférence ou par colère ? »

Personne ne répondit, mais l'attention de ces messieurs se dirigea vers le jeune musicien qui froissait son archet sur les cordes comme un Sioux coupe le coup de son ennemi.

Cependant le silence était devenu si gênant, qu'une bonne âme crut devoir le rompre.

« Stolberg, dit-on, votre belle cousine vous a donc maltraité?

— Oui, cher Max, extraordinairement maltraité. Cela m'a semblé d'autant plus dur que c'était la première fois.

— Depuis son mariage?

— Eh! puisque cet événement a eu lieu pendant mon absence! et je le puis dire, sans ma participation; l'y-a-t-on forcée ? je le suppose, quoiqu'elle ne me l'ait pas dit. »

Le second violon introduisit à ce moment, dans la partition du Freyschütz, des accords qui eussent fortement surpris feu Weber. Quelques-uns des amis de Stolberg étaient sur les épines, mais nul n'osa prévenir l'officier, de crainte que trop de zèle n'accélérât une catastrophe imminente.

D'ailleurs, M. de Stolberg paraissait sourdement irrité, et les éclats de sa gaieté factice ne pouvaient donner le change sur le véritable sentiment dont il était animé.

« Qui de vous, messieurs, connaît le comte de Hanzig? » demanda-t-il négligemment.

Encore une fois les jeunes gens se regardèrent, quelques-uns sérieusement affligés, d'autre se réjouissaient tout bas d'un prochain scandale.

« Il n'est donc pas des nôtres? Je m'en doutais.... mais alors qui peut avoir conseillé à Ulrique un si sot mariage?»

Le jeune musicien se leva pâle comme un spectre.

« Monsieur, dit-il à Stolberg d'une voix qui fut entendue dans toute la salle, je suis le comte de Hanzig. »

Un cri partit de l'avant-scène; les spectateurs des premiers bancs se levèrent en tumulte, et la représentation se trouva, de fait, interrompue. Si je n'entendis pas les paroles qui furent échangées entre M. de Hanzig et M. de Stolberg, du moins je devinai quel pouvait en être le sens. Dans un *dolce* qui succéda à ce *tutti* assourdissant, je compris que le comte de Hanzig refusait l'assistance de deux ou trois jeunes gens qui s'offraient pour ses seconds.

« Non pas vous, messieurs, disait-il, qui n'avez rien fait pour empêcher l'insulte, et qui ne me considérez pas comme des vôtres, ce sont les expressions de M. de Stolberg, non pas vous, mais de pauvres musiciens comme moi, et le premier venu, s'il veut me tendre une main loyale.

« Monsieur le comte, lui dis-je en fendant le plus épais du groupe, je suis le premier venu. Voulez-vous me faire l'honneur de me prendre de moitié dans votre querelle ? »

Il me saisit la main, qu'il serra convulsivement.

« Votre nom ? » me dit-il.

Je lui donnai mon nom et mon adresse.

« A demain ! cria-t-il en s'élançant par la petite porte de l'orchestre. »

On venait d'emmener la comtesse Ulrique évanouie.

Il y a trois ans de cela ; et aujourd'hui encore je ne saurais définir la nature de l'entraînement subit qui me porta à prendre un rôle dans ce drame mystérieux. Était-ce sympathie pour ce blond et doux musicien, antipathie pour son adversaire, ou désir d'approfondir une aventure dont le mystère piquait ma curiosité ? Ces trois causes peut-être ! il est si peu d'impressions dont nous puissions nous rendre un compte exact !

J'habitais une chambre de voyageur dans la rue Dorothée. C'est là que le lendemain matin, à huit heures, je reçus le comte Albert de Hanzig.

« Voici mon histoire, dit-il en s'asseyant, pardonnez-moi cette brusque confidence, les moments sont précieux. »

Je voulus l'interrompre, mais il m'arrêta du geste.

« Je comprends votre délicatesse, mais j'y réponds en vous faisant volontairement une confession que vous ne me demandez pas. Vous êtes généreusement intervenu dans une querelle qui n'était pas la vôtre. Avant d'aller plus loin, il faut que vous sachiez quel est l'homme à qui vous vous êtes offert. Vous ne pouvez pas savoir pourquoi vous avez vu le comte de Hanzig, remplissant dans l'orchestre du théâtre de W.... le triste emploi de second violon à cent florins de gages. Or, il faut que vous le sachiez et je vais vous le dire.

« Je ne suis pas Allemand, je suis Polonais, du grand-duché de Posen. La maison de Hanzig a marqué dans la grande guerre nationale de 1792, de manière à inscrire en lettres de sang dans l'histoire son nom, déjà inscrit au livre d'or de la noblesse polonaise. Mon père, engagé par ces traditions d'honneur et de patriotisme, ne put rester sourd au cri de sa conscience; il prit les armes en 1831, et périt l'un des premiers sous les décombres fumantes de Varsovie. Il me laissait orphelin.

« J'avais neuf ans ; fuyant les massacreurs que mon âge même n'eût peut-être pas attendris, je courus droit devant moi, jusqu'à ce que je tombasse épuisé sur la neige qui couvrait les grandes plaines de la vieille Pologne.

« Un artiste illustre, qui émigrait après avoir vaillamment combattu, me recueillit et m'emmena.

Nous traversâmes une partie de l'Allemagne à pied ; le grand compositeur gagnait notre pain à tous deux en jouant du violon sur les places publiques. Un refuge assuré l'attendait en France, mais il ne pouvait songer à m'y conduire.

« D'anciens amis s'intéressèrent à moi pour l'amour de lui; on me plaça comme pensionnaire au conservatoire de W..., où je fis mes études musicales. Lorsque j'eus atteint l'âge de seize ans, je fus admis comme second violon à l'orchestre de l'Opéra. Les sages prévisions de mon protecteur n'avaient été que trop justifiées; j'appris que le chagrin et l'exil l'avaient tué. Ni le ciel hospitalier de la France, ni les hommages éclatants rendus à son génie ne purent le sauver. Sans lui, mon Dieu ! peut-être aujourd'hui mendierais-je mon pain comme tant de braves que le feu des Russes a épargnés.

II

« J'étais alors ce que je suis resté, monsieur, une nature candide et aimante; mes goûts modestes me permettaient d'envisager sans tristesse la paisible carrière ouverte devant moi. Je souriais à l'espoir d'obtenir un jour le bâton de chef de l'orchestre du théâtre grand-ducal; mon ambition n'allait pas plus loin. Tout entier à mes devoirs, je n'ouvrais mon cœur à aucune des folles passions de la première jeunesse, lorsqu'un jour, m'asseyant à mon pauvre pupitre, je levai les yeux pour la première fois sur la brillante réunion qui parait la salle de l'Opéra. Le grand-duc devait assister à l'exécution d'un ouvrage nouveau. Les premiers personnages du duché se pressaient dans les loges. Je ne jetai qu'un coup d'œil distrait sur les brillantes parures des femmes, sur les cordons et les dorures qui couvraient les costumes officiels des hommes ; tout cela n'était que le souvenir déjà bien effacé d'un monde dont je me sentais séparé par une barrière plus difficile à franchir que celle des lois : je veux parler des préjugés évidents encore, qui pèsent sur certaines situations. L'archet du violoniste peut anoblir la main roturière qui sait en tirer des sons célestes ; il dégrade la main du comte palatin déchu.

« Mais en face de moi venait de s'asseoir, au premier rang de l'avant-scène, une toute jeune fille d'une beauté idéale et si pure que je ne l'avais point imaginée dans mes rêves. Je lui souris involontairement, comme dans une extase, et il me sembla qu'elle me souriait aussi. Un de mes camarades me nomma Mlle Ulrique de Schaffenbourg. C'était la fille d'un chambellan du grand-duc. Le sentiment de mon humilité me revint, et je me moquai intérieurement de ma simplicité de jeune homme. Je saisis mon violon avec une espèce de fièvre et n'osai plus lever la tête.

« Cependant Ulrique revint plusieurs fois à l'Opéra. Toujours je crus voir ses yeux tournés vers moi avec une expression rêveuse de tendre sympathie. De mon côté, je me contraignis à ne pas céder à l'entraînement inexplicable qui me portait vers elle : je me cachais, je me faisais petit derrière mon pupitre, j'avais peur de ses yeux. Et pourtant, monsieur, ils sont si doux!

« Cela dura ainsi un mois, puis elle ne revint plus. Je sus que son père, chargé d'une mission en pays étranger, l'avait placée, pendant son absence, au couvent des chanoinesses de Meilen. Comment appris-je ces détails? Si vous avez aimé, vous ne me le demanderez pas! quelles ruses employai-je, à quelles intrigues innocentes eus-je recours? je ne le sais plus aujourd'hui ; mais j'eusse joué sous jambe le plus fin diplomate et même le vénérable père d'Ulrique. Le souvenir de cette aimable fille ne me quittait plus. Hélas! ce souvenir était si incertain, si fragile! Je ne connaissais d'elle que sa beauté, que la candeur suave de ses regards. J'aurais donné dix ans de ma vie pour avoir entendu le son de sa voix. Peu à peu son image même s'affaiblit, non dans ma pensée, mais dans ma mémoire, car deux ans s'écoulèrent.... deux ans!

« Puis le travail l'emporta sur toute autre préoccupation. Le violon, que j'avais traité jusqu'alors en simple gagne-pain, je crus y voir l'instrument de ma fortune. Je me livrai sans relâche à mes études musicales, et j'acquis assez de talent pour espérer une distinction honorable.

« Le concours du conservatoire eut lieu : je me présentai dans la lice. Les solennités de ce genre ne sont pas sans éclat dans cette Allemagne si musicale. La foule était attentive et pressée ; un succès devant cet auditoire d'élite devait être décisif. Mes concurrents se firent entendre tour à tour ; je fus appelé le dernier.

« Ah! monsieur, permettez-moi cette louange de moi-même ; l'amour et l'absence m'inspiraient sans doute, car je jouai un thème du divin Haendel avec une chaleur si entraînante, une sensibilité si communicative, que je vis pleurer quelques-uns de mes juges. Moi aussi, je pleurais. Mais quelles larmes délicieuses! C'était ma jeunesse qui débordait comme un fleuve trop longtemps arrêté dans son cours !

« Il ne me restait plus à exécuter qu'une dernière variation qui devait compléter mon triomphe ; une variation terrible, où des arpéges en double corde montent avec une rapidité foudroyante du son grave de la corde à vide jusqu'à l'extrémité de la plus ténue de l'échelle des sons harmoniques. Il fallait un poignet de fer et des doigts de fée.... Ah! la maudite variation! Je la tenais. J'en étais sûr.

« Au moment où j'enlevais fièrement mon archet comme un bretteur dégaine son épée, j'aperçus dans l'ombre des tribunes la radieuse figure d'Ulrique. Elle riait et pleurait à la fois, la pauvre chère enfant! Toute mon assurance tomba, ma main s'amollissait, mes doigts s'entravaient ; j'hésitais ; j'étais perdu. Le concert finit au milieu d'un désappointement général. J'étais à demi mort.

« Le premier prix fut donné à un autre. On me jeta par grâce un accessit. Tout cela ne me toucha guère. Je vis Ulrique pâlir et se pâmer. J'étais aimé d'Ulrique.

« Cela valait bien un premier prix.

« Après cette joie que rien ne peut décrire, j'eus à lutter contre un cruel désespoir. Je me reprochais ma faiblesse, et de m'être montré si peu digne d'elle qui était digne d'un roi. Et puis, n'était-ce pas au fond un grand malheur, une infortune double que cet amour partagé et sans issue possible? Qu'allais-je devenir?

« Au plus fort de mon chagrin, le directeur du conservatoire me fit venir.

« — Albert, me dit-il, vous trouverez en bas une voiture qui va vous conduire au palais du grand-duc.

« Mon étonnement fut extrême, mais j'exécutai cet ordre sans même me donner la peine de réfléchir. La voiture m'entraîna rapidement.

« Un majordome m'attendait sur le seuil du palais et m'invita à le suivre.

« Que devins-je, grand Dieu! quand je me vis devant le comte de Schaffenbourg, devant le père d'Ulrique?

« — Vous êtes le comte Albert de Hanzig? me dit-il d'un ton froid.

« Sur ma réponse affirmative, M. de Schaffenbourg ajouta gravement :

« Je vous ai mandé pour donner des leçons de musique à Mlle Ulrique de Schaffenbourg, ma fille.

« Je ne trouvai pas un seul mot, ma langue s'embarrassa, ma tête roula dans un vertige, et je me sentis m'affaisser sur moi-même. Le comte me reçut dans ses bras.

« — Vous l'aimez! me dit-il.

« Et il souriait, l'excellent homme....

« Je me mis à ses genoux et je croisai les mains....

« Croyez-vous, monsieur, que j'aie pu l'écouter sans devenir fou de joie et de surprise, quand il ajouta :

« — Le fils de mon vieil ami, le comte palatin Louis de Hanzig, peut épouser sans mésalliance la fille du comte de Schaffenbourg! »

« Ce furent là ses propres paroles, et les angoisses de la mort ne me les feraient pas oublier.... »

Les sanglots interrompirent le récit du comte de Hanzig.

« Pleurez, lui dis-je, cela fait tant de bien. Oh! les belles larmes! que n'en peut-on verser toujours! Souvenirs d'amour, de misère et de jeunesse, malheur à qui ne vous garde pas soigneusement comme le plus précieux joyau du cœur!

— Ulrique devint ma femme, reprit le comte avec un accent plus profond ; tout ce que l'amour le plus absolu contient de trésors souhaitables, je l'ai eu. Que vous dirai-je, monsieur, j'avais tout espéré ; Ulrique m'a plus donné encore.... Et cependant... »

Le comte de Hănzig fit une longue pause et reprit en s'assombrissant de plus en plus.

« Nos journées étaient de longues fêtes, variées par une recherche naïve du bonheur. Nous avions tant de choses à nous dire ! Nous ne savions rien l'un de l'autre, si ce n'est que nous nous aimions. Je lui racontais mon enfance désolée, elle me disait sa jeunesse heureuse ; à mes récits d'obscurs et pénibles travaux, elle répliquait par le détail de ses conspirations contre son père et des jolis détours qu'elle avait pris pour l'amener à consentir à cette union presque inouïe ; n'avait-elle pas voulu que le comte de Schaffenbourg vînt me demander en mariage ? Et je me voyais rougissant comme une vierge, et je riais de ce rire si franc qu'on ne retrouve pas deux fois dans le cours de la vie. Notre amour avait fait un peu de scandale dans W..., mais comme le grand-duc avait approuvé, avec la bonhomie qu'on lui connaît, la conduite de son chambellan, personne ne se permit de blâmer tout ce qu'avait loué le maître.

On s'accoutuma bientôt à nous voir en public ;

heureux de notre affection et de l'étonnement des
désœuvrés; enfin l'histoire devint ancienne, et je
crois qu'on l'oublia. Mais nous n'avions rien oublié,
nous.... Ma femme voulut aller en pèlerinage à l'O-
péra, premier berceau de nos amours.... Nous
étions dans cette même loge où vous avez pu voir
Ulrique hier au soir. Je la trouvai rêveuse; elle regardait avec un sentiment presque pieux ce petit
pupitre de bois noir où elle avait vu son Albert pour
la première fois, et une larme glissa sur sa joue.
Nous revînmes tous les soirs d'Opéra. Je me trouvai
d'abord un peu gêné par l'attention de mes anciens
camarades de l'orchestre ; mais je finis par n'y plus
prendre garde. Ulrique avait toujours les yeux sur
mon ancienne place, et semblait caresser une
image adorée.... la mienne.... »

Ici le comte eut un sourire.

« Ce qui devait un peu gêner l'illusion, continua-
t-il, c'est que mon successeur était un petit vieillard chauve, dont le nez, extrêmement saillant et
coloré, soutenait d'immenses lunettes d'or. J'en fis
la remarque à Ulrique, qui parut ne pas m'entendre.
Sa rêverie, plus profonde que jamais, m'inquiéta
sérieusement. Un nuage glissa sur mon ciel bleu.
Je la pressai d'interrogations tendres.

« — Oh! cher, s'écria-t-elle tout d'un coup, comme
au sortir d'un rêve; que m'importe le monde, à
moi ! S'il fallait un miracle, je le demanderais au

ciel, pour revoir à cette même place, dans ce petit coin de l'orchestre, mon Albert bien-aimé !...

« A mon tour, monsieur, je gardai le silence ; mais le lendemain, le vieillard aux lunettes d'or se retirait avec une petite pension, et je rentrai comme second violon dans l'orchestre de l'Opéra. O tristesses du cœur ! Ulrique est un ange, mais je suis moins parfait : grande dame ou grisette, je l'aurais adorée, et moi j'ai besoin d'un méchant stradivarius pour être complétement aimé !... Oui, monsieur, à toute heure elle est ma femme, devant Dieu et devant sa conscience, mais en réalité, je ne suis son amant, son bien, sa vie, que de huit heures à onze, les soirs d'Opéra.... »

J'ai reproduit scrupuleusement le récit du comte de Hanzig ; qu'il offre des invraisemblances, je ne le conteste pas, à condition qu'on ne doutera ni de mon exactitude ni de ma sincérité. Voyant cet aimable jeune homme plongé dans une mélancolie amère, j'essayai de l'en tirer en le rappelant aux choses immédiates,

« M. de Stolberg, lui dis-je....

— Je ne vous ai pas parlé de lui, parce qu'il n'a passé que comme une ombre dans ma vie ; je pense qu'il devait épouser Ulrique par arrangements de famille, et que ce mariage imprévu a rompu ses projets d'avenir.

— Croyez-vous à l'opportunité d'une rencontre ?

— C'est à vous, monsieur, qui voulez bien me seconder, de répondre à cette question....

— Il n'y a pas eu d'outrage irréparable....

— Eh! monsieur, dit le comte d'un ton fougueux, laissons de côté les discussions banales.... vous êtes un honnête homme, et suivant les maximes de l'honnêteté accoutumée, vous faites un effort pour éviter l'effusion du sang.... c'est bien.... mais parlons sérieusement.... du fond du cœur. Vous savez que je dois me battre, parce que le monde ne comprend rien au jeu des passions, et que si le comte Albert de Hanzig joue du violon pour les habitués de l'Opéra de W..., le monde peut croire ou veut croire que c'est bassesse d'âme et déchéance de race. Or, quand j'aurai versé mon sang dans une rencontre ou quand j'aurai tué le lieutenant Stolberg, on n'osera plus reprocher son archet à celui qui se sera servi vaillamment de son épée. »

J'avais senti tout cela avant que le comte l'eût dit, et je ne répliquai que par un signe d'adhésion. Nous convînmes de prendre pour deuxième témoin un soldat de la garde ducale.

Dans l'après-midi je reçus les témoins de M. de Stolberg; le combat fut fixé au lendemain matin; l'arme convenue fut l'épée.

Je ne connais pas d'homme qui ait assisté de sang-froid à un duel. Les combattants ont leur honneur à garder et leur vie à défendre; de là une double exaltation morale qui les soutiendrait à défaut de courage. La tâche des témoins est douloureuse sans compensation ; et si vous voyez passer six hommes dans une clairière propice aux combats singuliers, regardez-les au visage : il y en a deux calmes et quatre bouleversés ; les deux hommes calmes, ce sont ceux qui sont prêts à mourir.

Nous choisîmes un champ où l'ombre et le soleil se trouvaient à peu près également partagés. Un fossé où bruissait un filet d'eau en marquait les limites. Le comte de Hanzig était ferme et grave ; M. de Stolberg n'avait rien perdu de sa hauteur insouciante. Néanmoins il salua avec courtoisie. Les épées essayées et les conditions acceptées (les quatre témoins s'étant promis d'arrêter l'affaire au premier sang), les adversaires mirent habit bas....

Il se fit un silence tel, que j'entendis distinctement le bourdonnement des insectes dans les herbes, et cette rumeur presque insaisissable qui naît du silence même. Mais tout à coup, à travers les branches serrées d'un bouquet d'arbres situé à l'extrémité du champ, nous vîmes étinceler des baïonnettes, et un officier supérieur arriva droit à nous ; c'était un aide de camp du grand-duc assisté d'un piquet de chasseurs.

« Au nom de Son Altesse Royale, dit l'aide de camp, je vous ordonne de me suivre.

— Conrad, dit le lieutenant de Stolberg en se

tournant vers l'un de ses témoins, voilà le moment d'appeler les ménétriers. Il me semble que la situation devient gaie.... »

Le comte de Hanzig trembla de tout son corps; son visage, déjà si pâle, devint vert comme l'herbe qu'il foulait.

« J'exécute un ordre formel, dit l'aide de camp. Son Altesse ne souffrira pas que les lois sur le duel soient violées dans ses États.

— Conrad, reprit Stolberg, êtes-vous musicien? »

Ce témoin détourna la tête.

Mais le froid spadassin reprit sa raillerie amère :

« Eh bien! Conrad, moi qui me pique de ne point l'être, j'estime qu'un duo de violons, si brillant qu'il soit, est plus facile à exécuter qu'un duo d'armes blanches.... fût-il au premier sang....

— Le grand-duc me déshonore, monsieur! dit le comte de Hanzig. »

Et quelque chose de strident résonna dans sa voix, comme si son âme se fut brisée dans ses simples paroles.

Il rendit son épée.

L'aide de camp prit celle de M. de Stolberg. Je me disposai à donner à mon ami d'un jour les consolations que méritait bien une si cruelle destinée; mais l'aide de camp me retint.

« Monsieur, me dit-il, non sans beaucoup de précautions oratoires, le grand-duc désire que vous ne prolongiez pas votre séjour dans ses États, vous aurez tout le temps de faire les apprêts de votre départ. Il est bien entendu que vingt-quatre heures vous suffisent, n'est-ce pas?

J'échangeai un regard avec le comte de Hanzig, le dernier ; — et j'obéis aux ordres du grand duc.

Il y a quelques mois, un de mes amis eut occasion de se lier à Constantinople avec nombre d'officiers hongrois, polonais et slaves, qui ont servi sous les ordres de Georgey, pendant la lutte entreprise par les Madgyars contre la maison d'Autriche.

Dans leurs longs entretiens, les réfugiés se plaisaient à raconter les épisodes romanesques ou terribles de cette guerre acharnée. Mon ami m'en a transmis plusieurs que je raconterai quelque jour.

Un détail tout particulier éveilla surtout mon attention. On avait remarqué dans un corps de volontaires placé sous les ordres de Bem deux très-jeunes gens, doués d'une égale beauté et d'une intrépidité merveilleuse ; le plus grand et le plus fort de ces deux compagnons intimes n'était pas seulement un bon soldat, c'était surtout un grand artiste, qui abrégea plus d'une fois les longs récits du bivac en jouant des airs polonais sur un violon qui ne le quittait pas ; l'autre était si blond et si délicat, qu'on l'eût pris pour une femme.

Ces jeunes gens furent tués dans une surprise de nuit, et on les trouva l'un près de l'autre étroitement embrassés. A côté d'eux gisait un violon brisé, des pistolets récemment déchargés, et un fragment roulé d'une lettre qui, selon toutes les apparences, avait servi pour une dernière cartouche; sur un de ces fragments, d'ailleurs à peu près illisibles, on crut distinguer un nom : comte Albert de Hanzig.

Mais ces indices ne parurent pas suffisants pour établir l'identité du jeune homme ou de sa compagne; et ils reposent sous l'herbe, sans autre monument funèbre qu'un tertre à peine visible, que chaque printemps couronne de violettes et de marguerites.

POST-FACE.

Les huit contes qu'on vient de lire parurent pour la première fois dans les journaux et les revues, entre 1845 et 1850.

En réimprimant ces œuvres de sa jeunesse, l'auteur se croit obligé d'en fixer la véritable date. Quelques écrivains ont publié, dans ces derniers temps, non sans succès, des récits appartenant au genre que l'on appelle improprement « fantastique. » L'auteur des *Contes à dormir debout*, en rappelant que ceux-ci ont été composés et publiés il y a plus de dix ans, ne veut que constater un fait et fournir à la critique un renseignement utile à ses arrêts.

A. V.

FIN.

TABLE DES MATIÈRES.

Le mandarin	1
Bénédict	23
Le khandjiar	75
Mascarille en Afrique	157
Les trois visites	181
Arnold	205
L'enfant de bois	225
Le second violon	275
Post-face	307

FIN DE LA TABLE DES MATIÈRES.

PARIS. — IMPRIMERIE DE CH. LAHURE ET Cie
Rues de Fleurus, 9, et de l'Ouest, 21

Paris. — Imprimerie de Ch. Lahure et Cie, rue de Fleurus, 9.